上海市2023年度"科技创新行动计划"软科学项目"中国式现代化进程中上海科技园区创新生态系统构建与治理"（23692104800）

城市湖区商务服务业发展战略研究

以上海淀山湖区为例

甄 杰◎著

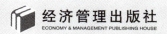

经济管理出版社

ECONOMY & MANAGEMENT PUBLISHING HOUSE

图书在版编目（CIP）数据

城市湖区商务服务业发展战略研究：以上海淀山湖区为例/甄杰著. —北京：经济管理出版社，2023.12
ISBN 978 - 7 - 5096 - 9576 - 0

Ⅰ.①城…　Ⅱ.①甄…　Ⅲ.①服务业—经济发展—研究—上海　Ⅳ.①F726.9

中国国家版本馆 CIP 数据核字（2024）第 026826 号

责任编辑：乔倩颖
责任印制：黄章平
责任校对：王淑卿

出版发行：经济管理出版社
　　　　　（北京市海淀区北蜂窝 8 号中雅大厦 A 座 11 层　100038）
网　　址：www. E - mp. com. cn
电　　话：（010）51915602
印　　刷：唐山昊达印刷有限公司
经　　销：新华书店
开　　本：720mm×1000mm/16
印　　张：13.25
字　　数：227 千字
版　　次：2024 年 2 月第 1 版　　2024 年 2 月第 1 次印刷
书　　号：ISBN 978 - 7 - 5096 - 9576 - 0
定　　价：78.00 元

序　言

城市湖区是指城镇辖区范围内的湖泊及其周边区域，长期以来，湖区一直以其水色风光的自然资源优势，成为城镇的名片并吸引着城镇内外的四方游客。然而，随着城镇化水平的不断提高，城镇湖区不仅仅只有休闲娱乐的功能，而且也开始承载商务服务业的具体业态。在很多地方，如武汉市的东湖、上海市的淀山湖等，都将湖区自然风光与现代服务业的重点项目相结合，使之成为支撑城市商务服务业发展的重要区域。

城市湖区发展商务服务业，需要在分析商务行业的政策与市场环境的基础上，深入分析湖区及其周边区域的资源禀赋与能力表现，并了解相关具体业态的价值。也就是说，湖区虽然具有自然风光的优势，但并不意味着必然能够成功地发展商务服务业。商务服务业属于生产性服务业，是为实体经济提供专门服务的产业，具有自身的行业特征和发展要求，只有符合该行业发展规律并与相应资源相匹配的湖区，才能充分发挥自然资源优势，更好地提高该区域的集聚力和吸引力。

按照我国 2011 年修订的国民经济行业分类标准（GB/T 4754—2011），在租赁和商务服务业中，商务服务业主要包括九个方面的内容，即企业管理服务、法律服务、咨询与调查、广告业、知识产权服务、人力资源服务、旅行社及相关服务、安全保护服务、其他商务服务业（包括会议及展览服务）。并且，依据《国务院关于加快发展生产性服务业促进产业结构调整升级的指导意见》（国发〔2014〕26 号），现阶段我国生产性服务业将重点发展研发设计、第三方物流、融资租赁、信息技术服务、节能环保服务、检验检测认证、电子商务、商务咨询、服务外包、售后服务、人力资源服务和品牌建设，其中大部分内容都属于商务服务业的范畴。

因此，在城市湖区发展商务服务业的战略规划中，首先要综合考虑湖区的一般特征与商务会务行业的发展规律，然后深入分析湖区的具体环境，将各种资源进行有针对性的匹配，并形成与城镇其他区域良性竞合的局面。本书以上海淀山湖区为例进行相关研究，淀山湖位于上海市青浦区，是青浦新城的核心景观带，邻接江苏省昆山市，距上海市中心区 60 千米，是上海最大的天然淡水湖泊，面积 62 平方千米。淀山湖区毗邻上海虹桥商务区，上海虹桥商务区依托虹桥综合交通枢纽，建设成为上海现代服务业的集聚区，是上海国际贸易中心建设的新平台和面向国内外企业总部及贸易机构的会集地，也是服务长三角地区、长江流域乃至全国的高端商务中心。其中，虹桥商务区青浦区域面积为 19.02 平方千米，属于西虹桥商务区。

本书在总体分析商务服务业发展环境的基础上，结合淀山湖作为水源保护区拥有丰富的生态资源以及独特的"水文化""古文化"资源的具体情况，重点考虑其与上海虹桥商务区和虹桥国家会展中心对接的优势，在充分利用和开发湖区资源的基础上，选择知识含量高、经济黏着力强的商务服务业作为主导产业，并由此带动会务经济的发展，形成内生性持续发展的态势与格局。

目 录

第一章　城市湖区及其发展概述

第一节　城市湖区概述

　　水是有灵性的，一座城市有了湖泊就如同有了眼睛，柔美而有底蕴。中国的不少城市拥有内湖，这些湖水不仅为城市带来了美丽的风景，增添了人文气息，而且在经济社会发展的过程中，也不断释放出对相关产业的吸引力和凝聚力，带动城市滨湖地区的产业发展。从产业发展角度来看，城市湖区是指在城市规划区内，以城市内湖为核心和增长点布局相应产业的滨湖区域。仅从城市内湖的规模来区分，就主要可以形成四种类型：①超大型（20平方千米以上），代表性湖泊如上海淀山湖（62平方千米）、武汉东湖（33平方千米）、成都三岔湖（27平方千米）；②大型（10～20平方千米），代表性湖泊有黄石磁湖（10平方千米）、池州平天湖（11平方千米）；③中型（3～10平方千米），这个级别的湖区最为常见，如杭州西湖（6.38平方千米）、苏州金鸡湖（7.4平方千米）、溧阳天目湖（7.25平方千米）、上海滴水湖（5.56平方千米）、无锡蠡湖（8平方千米）；④小型（3平方千米以内），如北京昆明湖（2平方千米）、济南大明湖（1平方千米）、嘉兴南北湖（1.12平方千米）。

一、超大型城市内湖

（1）武汉东湖。东湖因位于湖北省武汉市武昌东部而得名，属于洪山区，现为中国水域面积较广阔的城中湖之一，水域面积达 33 平方千米。武汉东湖是以大型自然湖泊为核心、湖光山色为特色，集旅游观光、休闲度假、科普教育为主要功能的旅游景区。

在近 30 年来的经济社会发展中，东湖更以快速发展的现代产业闻名于世。东湖两岸即著名的国家级产业园区——武汉东湖高新技术开发区，同时也是武汉东湖国家自主创新示范区、中国（湖北）自由贸易试验区武汉片区。

从产业发展的角度看，东湖周边的开发区已经形成了八个产业集聚园区。其中，东湖综合保税区的全部区域以及光谷生物城、武汉未来科技城、光谷中心城、光电子信息产业园、光谷现代服务业园、光谷智能制造产业园的部分区域构成了中国（湖北）自由贸易试验区武汉片区。

东湖开发区在建设有全球影响力的创新创业中心的过程中，已经形成了光谷、药谷、智谷、金谷、才谷的"五谷"格局。并且，形成了光电子信息、生物、高端装备制造、新能源和环保节能、新技术服务以及集成电路和新网络经济组成的"5＋2"产业体系。

（2）上海淀山湖。淀山湖位于上海市青浦区，被誉为"东方日内瓦湖"。淀山湖距上海市中心区 60 千米，面积 62 平方千米，是上海最大的淡水湖泊，也是上海的母亲河——黄浦江的源头。2006 年，淀山湖被评为第六批国家级水利风景区。环湖散落着享誉盛名的朱家角古镇、上海大观园、东方绿舟、上海太阳岛、陈云纪念馆五个国家 AAAA 级景区。淀山湖适宜开展水上运动，是上海赛艇、龙舟、帆船等水上运动的训练中心。

2017 年底，上海地铁 17 号线正式运营，将淀山湖与虹桥商务区直接连通。从未来发展趋势看，虹桥商务区凭借交通便利的条件，已经聚焦大交通、大商务、大会展，形成世界一流商务区，并全方位联动长三角地区，成为上海城市发展新动脉。商务区所在的大虹桥区域主要涉及长宁、青浦、嘉定、闵行四大区，其租金成本相对上海其他区域有很大的优势，同时，依赖于虹桥交通枢纽缩短与周边城市的距离，不断增强其"虹吸效应"。通过上海17号线的导流作用，淀山湖将承载相当部分从上海虹桥商务区、西虹桥区域流入的产业、人口。并且，作为昆山"环沪"重镇，在长三角区域一体化国家战略下，淀山湖也必将迎来全新的发展机遇。

从产业发展层面来看，淀山湖不仅要依托水资源体育休闲等项目，还要发挥毗邻虹桥商务区的便利，推进相关服务业的发展。虹桥商务区依托虹桥综合交通枢纽、国家大型会展项目等重大功能性项目，带动上海经济发展方式转型，促进城市空间布局调整，助推上海国际贸易中心建设，更好地服务于国家长三角一体化发展战略。总体来看，可以从以下六个方面了解虹桥商务区的发展：

一是一个目标，即建设成为世界著名的商务区。

二是两大功能性项目，其一是虹桥综合交通枢纽，集航空、高铁、城际铁路、长途、地铁等八种交通方式于一体，是目前国内乃至世界最大的综合性交通枢纽。预计未来每日人流集散规模110万～140万人次。其二是中国博览会会展综合体项目，建筑用地面积104公顷，地上净展示面积逾50万平方米（见图1-1）。

三是三个一体化，即交通功能与商务区功能一体化、虹桥商务区与周边区域发展一体化、上海与长三角发展一体化。

四是四个功能定位，即现代服务业的集聚区，国际贸易中心的新平台，企业总部、贸易机构、经济组织的汇集地，服务长三角、服务长江流域、服务全国的高端商务中心。

五是五大优势，即区位优势、交通优势、成本优势、后发优势、政策优势。

六是六大理念，即打造枢纽虹桥、贸易虹桥、智慧虹桥、低碳虹桥、商务社区、城市综合体。

二、大型城市内湖

（1）池州平天湖。平天湖位于安徽省池州市城区，水域面积11平方千米。池州平天湖旅游度假区是安徽省"861"重点项目，整个项目分为五大功能板块，即平天湖休闲广场和环湖景观路（带）、国家水上训练基地及水上运动、国际游

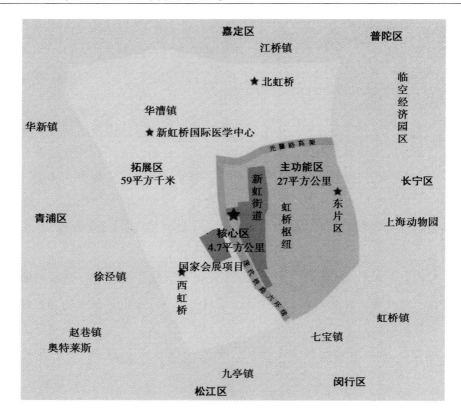

图 1-1　虹桥商务区功能区块示意图

艇俱乐部及水上旅游、休闲文化商业街、生态度假山庄。平天湖的东西两侧紧密分布着两个重要的产业园区，即西侧的国家级池州经济技术开发区和东侧的池州高新技术产业开发区。

国家级池州经济技术开发区为国家皖江城市带承接产业转移示范区，是国家低碳工业园区试点、安徽省半导体产业集聚发展基地，规划面积 40 平方千米，建成面积 10 平方千米，入园企业 400 余家。国家级池州经济技术开发区业已形成电子信息首位产业、高端装备制造和高端服务业，现正着力打造国内领先的电子信息产业基地。其中，电子信息首位产业重点发展电子基础材料、IC 设计、晶圆制造、封装测试、新型电子元器件、终端应用和整机制造等电子信息全产业链。目前，初步形成了以铜冠电子铜箔、安芯电子、华钛半导体、纪元一体机、圣享智能、车载电子等为代表的产业基础；高端装备制造产业：重点发展汽车整车、发动机及核心零部件、工程机械和数控机床等产业链项目；高端服务产业：重点发展工业设计、软件设计、金融业、总部经济、中介服务、电商、孵化中心等高端服务业。

池州高新技术产业开发区是 2010 年 4 月经安徽省政府批准设立的省级高新区，规划面积 27 平方千米（安徽省政府批准面积 8 平方千米），建成区 15 平方千米。近年来，园区围绕"优雅新区、产业新城、产城一体"的发展定位，注重与周边园区错位发展，重点发展电子信息、机械装备制造、新材料三大主导产业，积极培育节能环保、新能源、电子商务、健康养老、现代物流等新兴产业，并表现出基础配套设施健全、城市服务功能完善、自主创新能力突出、区域经济增长强劲等发展特征。

未来池州市经济社会的发展将以平天湖为中心进行布局。并且，据《产业转移指导目录（2018 年本）》显示，池州市优先承接发展的产业包括电子信息、医药、有色金属（铜压延加工/绿色铅锌冶炼）、化工、船舶及海洋工程装备等，引导逐步调整退出的产业为镍、锡、锑、汞等常用有色金属冶炼，引导不再承接的产业为独立热轧钢（热轧钢筋类）。

（2）黄石磁湖。黄石磁湖位于湖北省黄石市区中心，面积 10 平方千米，居全国市区内湖前列。黄石市是湖北省最早设立的两个省辖市之一，也是武汉城市圈副中心城市，市内的磁湖相传是因古时候湖中有大量磁石而得名。磁湖周边也集聚了黄石市的主要产业，并以其南部区域更为集中。其中，比较重要的是成立于 1992 年的黄石经济开发区，2010 年该开发区正式升级为国家级经济技术开发区。

黄石经济技术开发区辖金山街办、汪仁镇、章山街办、大王镇、太子镇、金海开发区 6 个镇（街办、管理区），规划面积 460 平方千米，总人口 27 万。近年来，开发区坚持把产业发展作为第一要务，大力发展电子信息、先进装备制造、生物医药三大战略性新兴产业，经济实力持续增强。其经济社会效益主要表现在以下四个方面：

一是成为产业发展的集聚区。"无中生有"地发展电子信息产业，以电子信息中的印刷电路板（Printed Circuit Board，PCB）产业为突破口，逐步发展完整链条的电子信息产业；提档升级发展先进装备制造产业，着力打造中部地区先进制造业基地；把握趋势发展生物医药产业，围绕原料药、现代中药、生物制品和医疗器械等领域，引进和培育一批具有发展潜力的生物医药企业，打造成为全国中药提取研发基地、中部地区生物医药产业基地。

二是成为未来城市发展的核心区。黄石经济技术开发区北面是磁湖，南面是大冶湖，2013 年，黄石市委决定建设大冶湖生态新区，实现中心城区与大冶、阳新对接融合、同城化发展。开发区作为大冶湖生态新区的主战场，大力推进大冶湖北岸产业发展聚集区的建设。

三是成为创新发展的活力区。坚持把创新放在开发区发展的核心位置，全面实施"金融十条""人才十条""用工十条""服务十条""科创十条"五个"黄金十条"政策，引导创新资源向企业聚集，引导高层次人才向新区聚集，引导大学生向新区聚集。

四是成为黄石精准扶贫样板带和美丽乡村体验带。推进沿线村庄整治和传统民俗文化展示、农家乐及农家客栈、农副特色产品展示展销等特色产业发展，着力发展集生态、乡村、休闲、健身于一体的旅游休闲产业，发挥"山水"优势，打造成为全国知名的休闲养生目的地。

此外，黄石大冶湖国家高新技术产业开发区也处于磁湖和大冶湖的中间地带，形成了产业创新的集中区域。其前身为省级大冶经济开发区，2018 年 2 月 28 日，国务院同意黄石大冶湖高新技术产业园区升级为国家高新技术产业开发区，定名为黄石大冶湖高新技术产业开发区。目前，高新区形成了生命健康、高端装备制造、新型材料、节能环保、光电子信息及现代服务业六大产业定位。其中，生命健康、高端装备制造、新型材料为主导产业，节能环保、光电子信息产业为新兴产业，现代服务业为先导产业，从而形成了"三二一"的产业结构，传统产业升级初见成效。

三、中型城市内湖

（1）苏州金鸡湖。金鸡湖位于江苏省苏州市老城区东北部、苏州工业园区中部，南邻独墅湖，水域面积 7.4 平方千米。金鸡湖属于太湖支流，有进、出水口 10 余条。2012 年 7 月 2 日，金鸡湖被国家旅游局评为国家 AAAAA 级旅游景区，成为全国唯一的具有商务旅游特质的同级别景区。

苏州工业园区隶属江苏省苏州市，位于苏州市城东，1994 年 2 月经国务院批准设立，同年 5 月实施启动，行政区划面积 278 平方千米，其中，中新合作区 80 平方千米。苏州工业园区是中国和新加坡两国政府间的重要合作项目，被誉为"中国改革开放的重要窗口"和"国际合作的成功范例"，园区率先开展开放创新综合试验，成为全国首个开展开放创新综合试验区域。

在商务部公布的国家级经开区综合考评中，苏州工业园区连续三年（2016 年、2017 年、2018 年）位列第一，并跻身建设世界一流高科技园区行列，入选江苏改革开放 40 周年先进集体（2018 年）。2019 年是苏州工业园区建设 25 周年，多年来，园区摒弃单一发展工业的模式，着眼于"产城融合、以人为本"的定位，按照"先规划、后建设"，"先地下、后地上"的原则，实现"一张蓝图干到底"，保持了城市规划建设的高水平和高标准。苏州工业园区以绿为脉、以水为魂，绿化覆盖率达 45% 以上。园区精心设计雨水收集和排水系统，打造便捷高效的综合公共交通体系，并按照城市功能布局定位划分不同类别居住区，建设相配套的商业服务体系，形成区域一体化协调发展的新格局。目前，以金鸡湖为核心展开，环金鸡湖区域布局中央商务区，构成园区的城市级中心；围绕 80 平方千米中新合作区，布局商务、科教创新、旅游度假、高端制造与国际贸易四大功能板块，形成"产城融合、区域一体"的城市发展架构。

（2）杭州西湖。西湖位于浙江省杭州市区西部，湖面面积为 6.38 平方千米。西湖南、西、北三面环山，湖中白堤、苏堤、杨公堤、赵公堤将湖面分割成若干水面。西湖的湖体轮廓呈近椭圆形，湖底部较为平坦。西湖有 100 多处公园景点，60 多处国家、省、市级重点文物保护单位和 20 多座博物馆。2007 年，杭州市西湖风景名胜区被评为国家 AAAAA 级旅游景区。

全国著名的西湖风景区除了西湖、灵隐寺、雷峰塔等名胜景点外，在其周围还集中分布着诸多产业园区，并以科创、文创产业园为主。例如，在景区南部的云栖小镇是西湖区依托阿里巴巴云公司和转塘科技经济园区两大平台打造的以云生态为主导的产业小镇。云栖小镇是一个云计算产业生态聚集地，运用大数据的计算将简单数据变成生产要素，小镇围绕云计算产业的特点，构建"共生、共荣、共享"生态体系。2015 年，阿里云开发者大会正式更名为"云栖大会"，并且永久落户于西湖区云栖小镇。在景区北面，由景区向北依次分布着白沙泉并购金融街区、杭州西湖福地创业园、华星现代产业园、杭州电子商务产业园、西溪科创园、杭州互联网创新创业园、杭州数字信息产业园；在景区西门是杭州小和山高教园区；在景区南面，除了云栖小镇外，杭州市之江凤凰国际创意园区也与之毗邻。

四、小型城市内湖

北京昆明湖。昆明湖位于北京城西北 10 千米外的颐和园内，湖面主要向东西两面发展，其面积为 2 平方千米左右，约为颐和园总体面积的 3/4，是北京历史上第一座天然加人工而成的大型水库。昆明湖根据水域的分割状况，可分为三个部分，即大湖、西湖和后湖，其湖水浩渺、山岛耸峙、堤桥多姿、风光绝佳。整个景区以万寿山佛香阁为中心，周围建筑对称布局，形成众星捧月之势，气派相当宏伟。粼粼的湖水、蜿蜒的湖堤、错落的岛屿，以及隐现在湖畔风光中的各式建筑，组成了颐和园中以水为主体的绝色风景，呈现一派富有江南情调的近湖远山的自然美。在区位上，昆明湖处于北京市北五环和北四环之间，距离中关村较近，周围有北京大学、清华大学、中国人民大学、国际关系学院等知名高校。

由于昆明湖毗邻中关村和多所高校，所以其周围也聚集了不少科技园区与创业基地，例如北坞创新园、清华科技园大学生创业基地，以及清华科技园、中关村科学城生物产业创新基地、中关村军民融合网络与信息安全产业园等。

从对不同规模的城市内湖的概述中可以看到，这些位于城市之中的湖泊一方面对于美化城市、提高居住与休闲娱乐的质量具有重要的作用，有的湖泊本身就是国家 AAAA 级甚至是 AAAAA 级景区；另一方面这些湖泊还发挥着重要的经济社会发展作用，在其周围聚集了城市发展的主导产业。而且，这些产业大多是以产业园区为载体，集聚在湖区周围，并形成了产业集群效应，有不少园区已经成为省级园区，甚至是国家级园区。因此，从总体上说，城市内湖在经济社会发展过程中，具有重要的产城融合功能。特别是，城市在产业定位与产业发展方面，一般应充分理解并利用湖泊本身的特点，在此基础上把握区域发展的总体思路和有效举措。具体来看，可以从以下五个方面进行分析：一是导向分析，主要包括政策导向和市场导向两个方面；二是资源分析，重点厘清自身现有资源和可整合资源；三是能力分析，即城市发展相关能力，也可以从相关规划发展的战略目标中进行倒推得知；四是价值分析，主要包括经济价值和社会价值两个层面；五是持续性分析，即对于上述价值延续发生的时间期限进行评估。

第二节　淀山湖发展导向分析

淀山湖又名薛淀湖，为上海市与江苏省的界湖，上海青浦区占水面3/4，江苏昆山市占1/4。湖西部和南部多入湖河港，主要有急水港，汇太湖来水；东部和北部多出湖河港，以拦路港为主，泄湖水入黄浦江。进出河港多达70余条。湖泊长度15.3千米，最大宽度3.3千米，湖水面积63平方千米，湖泊具有调蓄、灌溉、养殖和航运等多种功能。

由于淀山湖的水域跨越了上海市与江苏省昆山市两个城市，因此两地均制定了淀山湖发展的相关规划。

一、上海市青浦区相关规划

2008年，上海市青浦区发布了《上海市青浦新城（淀山湖新城）总体规划修改（2009 - 2020年)》。这次规划修改是以青浦区新一轮发展的战略思考为出发点，深化、优化原青浦新城总体规划，从更大范围研究青浦新城的战略地位、发展方向。其中，规划编制的主要任务则为进一步优化城市性质，突出城市特色，弘扬"湖滨"的鲜明自然地域特色和历史文化特色，深化研究城市规模，优化产业结构，实现产城一体化发展。

淀山湖新城的经济发展目标在于注重培育和发展第三产业，加快提升第二产业能级，建立一个产业结构合理、资源转化效率高、平衡能力强、可持续发展的经济环境。并且，将其区域性质界定为"上海国际贸易中心的重要承载区、上海西部现代服务业集聚区和高新技术产业新兴区、低碳发展模式的率先实践区、宜居宜业的生态特色区以及长三角城市群重要的功能节点"。从城市性质上来说，淀山湖新城应接受虹桥枢纽的辐射，提升城市功能和能级，将新城建设成为上海西部服务长三角区域的综合性节点城市，以及具有"水乡文化"和"历史文化"内涵的生态宜居城市。

（1）空间布局规划。规划"一轴、四片、五心"的空间布局结构，同时形成"一区三带四廊"的生态空间格局。

1）区域发展轴和发展带。规划1条区域发展轴。"一轴"为沪渝发展轴。具体走向：徐泾—赵巷—中心青浦新城—金泽。沪渝轴是全市东西向发展轴线的组成部分，是青浦区重要的功能发展主动脉。

2）功能片区。规划4个功能片区，包括青浦新城、北片区、东片区、西南片区。其中"一城两翼"（青浦新城、东片区和西南片区）为重点片区。全力推动"一城两翼"发展战略的实施，基本形成构架合理、产城互动、均衡发展的区域统筹发展格局。通过青浦新城、环淀山湖地区以及西虹桥地区的开发建设，打造地区发展的动力引擎，进一步优化区域职能分工，形成东西联动、协调互动的总体发展格局。

一是青浦新城。青浦新城应充分发挥地处沿沪宁和沪杭甬发展轴线关键节点的独特区位优势，积极拓展青浦在西翼组合新城群中的职能分工，力争成为上海西翼空间发展的重要引擎。同时，应秉承"产城一体、水城融合"的城市发展理念，加快公共服务配套设施建设，构建生态宜居的湖滨新城。

二是东片区。依托临近中心城的地理区位优势，积极接受上海中心城的辐射，承接中心城的人口导入和产业外溢，同时把握虹桥商务区建设的重要历史机遇期，大力拓展以会展、商贸及创意产业为核心的现代服务业。

三是西南片区。依托天然湖泊资源，进一步拓展以休闲旅游业、现代都市型生态农业、高端商务服务产业、生态居住产业为主导的地区功能，大力发展特色湖区经济，打造长三角区域乃至全国范围的知名湖区，提升"绿色青浦"的品牌知名度。

四是北片区。以现代农业、农产品加工和农业旅游为主导的片区，是青浦区基本农田保护区的重要组成部分和具有良好人居环境和水乡特色风貌的生态型城镇片区。

　　淀山湖东岸部分的古镇休闲区是旅游休闲、会议会展、特色居住功能的集聚区，强调生态环境修复和历史风貌保护，兼顾旅游开发，营造传统水乡古镇风貌特色和滨湖景观特色。紧邻的文化创意新区连接朱家角镇和城市综合服务区，是文化、创意产业等高端服务功能集聚区和居住区，应结合生态型和特色型的居住开发，积极营造"滨水城市"的特征。此外，青浦工业园区依据规划应实现产业结构调整和转型，提升产业能级，形成生产性服务业和创意产业功能集聚区。

　　3）五心。一是老城商业中心，整合原有公共设施资源，结合护城河与公共绿地，提升传统商业功能与环境品质；二是夏阳湖公共服务中心，淀山湖新城主要公共服务功能所在地，综合设置商业、文化等设施，发挥其公共服务中心功能；三是三分荡商业文化中心，规划形成文化、商业、商务等多种功能为一体的公共中心；四是朱家角旅游休闲中心，形成服务长三角地区的旅游休闲中心；五是企业总部及研发中心，结合总部基地和研发中心，设置高星级酒店、餐饮、休闲娱乐等配套设施，形成服务于周边生产的服务中心。

　　（2）产业用地布局。从产业重点以及第三产业发展来看，淀山湖新城的产业用地布局情况如下：

　　1）产业重点。加大引入与青浦环境优势相适应的现代服务业力度，重点发展旅游休闲、会务会展、商务商贸和生态居住。其中，制造业坚持"有进有退"的原则，重点引入电子技术、新材料、软件和信息产业等体现资源节约型与环境友好型的先进制造业。

　　2）第三产业布局。旅游休闲业依托淀山湖、朱家角古镇和东方绿舟，充分挖掘历史积淀和文化底蕴，培育与古文化、水文化、休闲旅游、水上竞技相交融的高品位旅游休闲区。规划布置在淀山湖东岸地区、朱家角古镇和大淀湖周边地区；会务会展业依托自然湖泊和良好生态环境，结合旅游休闲业，布置在三分荡、大淀湖和淀山湖东岸地区；商务商贸业适应城市布局结构，主要结合上述"轴"和"心"的布置。

二、昆山市淀山湖镇相关规划

淀山湖镇是江苏省昆山市市辖镇，位于市域范围东南端的太湖下游，东临上海，位于上海、苏州、昆山"金三角"区域内，东南与上海青浦新城、朱家角镇毗邻，西南临淀山湖。2018 年 11 月，《昆山市淀山湖镇总体规划（2018—2035 年）》草案公示，规划范围包括淀山湖镇全域，总面积 65.87 平方千米，含淀山湖水域面积约 7.66 平方千米。其城镇性质界定为：邻沪科创度假基地，临湖生态宜居小镇。

在这份规划草案中，有四个规划策略：

（1）坚持生态优先，优化空间结构。该策略要求落实昆山市域生态空间格局的规划要求，协调上海 2035 总规生态建设方案，推动区域生态环境共保共治，构建"一带三廊、一环两区"的生态空间格局。"一带"即环淀山湖绿带，纳入"环淀山湖战略协同区"共同进行生态保育和一体化发展；"三廊"即沪昆生态防护廊道、千灯浦生态旅游廊道、同周路生态旅游廊道；"一环"即城镇生活区绿环；"两区"即滨湖湿地生态区、临沪农业生态区。

从功能上来看，淀山湖镇规划"一心五区"建设。"一心"即城镇综合服务中心，"五区"即城镇生活区、综合产业区、旅游度假区、湖塘生态区、田园生态区。

（2）探索科创驱动，提升发展质量。该策略对接上海青浦区科创功能结构，规划形成"一带两社区三基地"产业布局结构。"一带"即新乐路科创发展带，聚集研发公共平台、商务金融、信息咨询、人才服务等科创服务机构；"两社区"即神州数码科创社区和研祥文创社区；"三基地"即高端电子信息产业基地、高端航空装备产业基地和物流产业基地。

（3）突出度假特点，发展全域旅游。在休闲度假产品方面，对接环淀山湖国际化湖区功能（青浦片区）和昆山南部旅游片区功能，实现战略功能协同与错位发展，聚焦"运动时尚""生态田园"两大旅游度假产品，注重从"创新＋""科技＋""网络＋"三个方面注入文化，丰富旅游产品内涵，共同打造"世界著名湖区"。在空间布局方面，形成"一带四区"的休闲度假产业空间，其中，

"一带"即彩虹湖岸游憩带;"四区"即滨湖旅游度假区、田园农趣休闲区、湖塘生态旅游区、产旅创新融合区。

（4）强化特色塑造,共筑美好生活。其中,在空间景观特色方面,总体特色定位目标为打造"江南风韵、国际风范"的新江南尚美小镇。规划形成"六区五带多节点"的空间景观格局。"六区"即水乡老镇风貌区、宜居新镇风貌区、现代产业风貌区、滨湖度假风貌区、田园生态风貌区和湖塘生态风貌区;"五带"即万园路—小千灯浦景观轴、曙光路景观轴、双和路景观轴、新乐路景观轴和盈湖路景观轴;"多节点"即体现本土文化、滨水景观与城镇景观特色空间。

可见,从上海市青浦区淀山湖新城和昆山市淀山湖镇两个地方的区域发展规划来看,淀山湖作为城市湖区在产城一体、水城融合、协同发展等方面都应当发挥重要角色。并且,两地均充分利用湖区自然资源的优势发展旅游度假等相关产业,特别是由于行政区域的特征,青浦区将淀山湖区域作为对接虹桥商务区的桥头堡,将商务服务业的发展作为未来发展的主导产业。在这些方面,淀山湖周边区域均有不错的产业发展基础。

第二章　商务服务业发展环境与特征分析

　　商务服务业作为生产性服务业的一个主要分支，最早是在 1958 年《国际标准产业分类体系 1.0》中提出，并将其作为 45 个主组之一，通常指企业和市场管理以及市场中介等相关组织开展的日常生产经营活动，是向商业活动等提供直接辅助服务的产业群。商务服务业属于知识密集型产业，在全球经济由工业经济向服务经济转型趋势加快的背景下，商务服务业呈现出越来越强的增长势头，成为拉动经济增长的支柱力量。根据国家统计局公布的《生产性服务业统计分类（2019）》最新标准，商务服务业包括三个中类，即组织管理和综合管理服务（内含九个小类）、咨询与调查服务（内含三个小类）、其他生产性商务服务（内含七个小类），其中，会务服务属于最后一个中类（参见附录一）。与《生产性服务业统计分类（2015）》的旧标准相比，在第一个中类即"组织管理和综合管理服务"中，新增了"园区和商业综合体管理服务"这一小类，这与本书第一章所述各类型城市内湖区域经济发展的现状以及淀山湖区域发展规划的相关内容保持一致，即城市湖区普遍有产业园区和商业综合体的布局，这也是今后城市湖区经济社会发展值得关注的重要载体。通过为企业提供专业化服务，商务服务业可以推动企业非核心业务的剥离，促进专业化分工和社会资源配置效率提高；通过为各行业企业提供专业的服务和解决方案，商务服务业可以降低企业运营成本、提高企业生产效率、提升产品品牌价值和市场竞争力，从而提升产业整体竞争力；通过发挥知识密集的优势，商务服务业可以完善区域和城市的高端服务功能，提升其在世界经济竞争格局中的影响力和控制力。

第一节 总体发展环境分析

　　商务服务业是我国经济发展中重要的组成部分，在产业规模与经济效益方面都保持着稳步增长的发展势头。但总体来看，当前我国商务服务业仍滞后于经济社会发展要求，与农业、工业、贸易等联动不足。同时，我国商务服务业也面临着一些问题：一是法律法规和市场监管仍不完善，商务服务业的准入门槛比较低，行业内存在一些品质、规模较差的服务提供商，由于缺乏自律性而产生非法的运作方式，不利于市场的公平竞争；二是不重视品牌建设，无论是咨询服务还是会计、审计、税务服务，还是会展服务，都缺少规模较大的相关企业，难以形成品牌效应，严重削弱了自身的竞争力；三是缺乏内部管理机制，由于缺乏健全的企业信用信息体系和完善的激励机制及自律机制，使得行业内存在较多失信行为；四是企业竞争力较弱，相比于外资企业，国内相关企业的管理服务水平较低，在资金、规模、创新能力等方面都较为落后。可见，对于商务服务业的发展，一方面需要了解有利的总体发展趋势，包括结合城市内湖的特征进行准确把握；另一方面需要在发展的过程中关注当前存在的瓶颈问题。

一、国际商务服务业转移及集聚程度提高

　　继全球制造业国际转移浪潮之后，国际服务业转移成为新一轮全球产业结构调整的重要内容，尤其是知识密集型、服务外包型等高端服务环节的国际转移速度加快。以跨国公司为代表的外资商务服务企业正加快向北京、上海等大城市转移。这些商务服务企业在技术、资本、信息、创新等方面具有明显优势，给内资商务服务企业起到了一定的示范作用，有助于提高上海商务服务业的整体技术水平、管理水平和服务质量。对 2007～2016 年长三角城市群生产性服务业五个细

分行业的空间基尼系数进行测算（见图2－1）①，可以看到各细分行业集聚程度的排名，2007年从高到低依次为科技服务业、商务服务业、交通运输业、信息服务业、金融服务业，2016年从高到低依次为商务服务业、信息服务业、交通运输业、科技服务业、金融服务业。

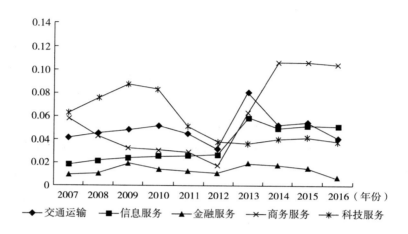

图2－1　长三角城市群生产性服务业空间基尼系数

注：空间基尼系数（G）是衡量产业空间集聚程度指标的一种，由克鲁格曼在1991年提出，当时用于测算美国制造业行业的集聚程度，该方法应用较为广泛。其值在0和1之间，若G的值越接近0，那么该地区的产业分布越均衡；若G的值越接近1，则产业集聚程度越强。

通过生产性服务业各细分行业的变动趋势可以看出，商务服务业呈现"V"形变化，即经历了2007～2012年的下降后大幅度上升，在五个细分行业中数值最大，超过了0.10的水平，表明商务服务业在长三角城市群中具有较明显的地理集聚特征。其中，上海在生产性服务业尤其是商务服务业方面的集聚程度高，具有明显的比较优势。

从空间溢出效应②来看，空间溢出效应可作为衡量超大城市商务服务业空间分工合理性的标准，即超大城市内部地区之间商务服务业的依赖性越强、交易量

---

① 吴桥．长三角城市群生产性服务业空间集聚特征研究［J］．浙江万里学院学报，2018（4）：13－18．
② 空间溢出效应是指一地区经济的发展对另一地区经济发展产生的单向影响，关注的是区域经济发展。

越大，表明地区之间的溢出效应越显著，其多样化与专业化的空间分工就更加合理。但实际上，商务服务业在上海这样的超大城市中并不存在空间溢出效应，这主要是由于商务服务业的细分行业具有诸多并不存在产业关联的特性或面对面交流的要求，从而表现出更为综合性的特征①。

因此，上海在发展商务服务业方面优势明显，应大力提升在行业中对全球资源的配置能力，而且，由于商务服务业的空间溢出效应不显著，可以更加方便地规划和建设一批特色鲜明的高端服务业集聚区，引导企业总部管理、投资与资产管理、资源与产权交易服务、园区和商业综合体管理服务、商务咨询服务以及会议、展览及相关服务等商务服务业的高端化、集聚化发展。淀山湖地区毗邻上海虹桥商务区，在区位上具有更多优势。一方面，淀山湖区域地处上海市郊区，在上海市区商务服务业发展地域空间十分有限、外资进入成本较高的情况下具有较强的成本优势；另一方面，淀山湖地区具有发展知识密集型商务服务业所青睐的优良的自然环境，具有较好的发展软环境。因此，淀山湖区域可以把握国际商务服务业向上海转移的机遇，为大力打造和发展商务服务业集聚区奠定基础。

二、国家扩大内需与调整结构的效果显著

国家把加快自主创新和结构调整作为推动经济发展的重要措施之一，核心是支持高技术产业化建设和产业技术进步，支持服务业发展。国家还针对钢铁、汽车、造船、石化、轻工、纺织、有色金属、装备制造、电子信息等行业制定了振兴规划，并提出了具体扶持政策，包括九大行业在内的产业技术创新与结构升级的支持，以及对服务业发展的支持，为上海市的商务服务业发展提供了广阔的市场需求空间和良好的发展环境，推动上海商务服务业向更高层次发展。

从 2019 年第一季度的发展情况来看，服务业提升效果有以下三方面表现②：

1. 服务业运行平稳，在国民经济中的地位和作用继续提升

一是季度增加值较高。2019 年第一季度，服务业实现增加值 122317 亿元，

---

① 宋昌耀，罗心然，席强敏，李国平. 超大城市生产性服务业空间分工及其效应分析——以北京为例 [J]. 地理科学，2018（12）：2040 - 2048.

② 杜希双. 一季度服务业发展稳中有进 [EB/OL]. 中国经济网. [2019 - 04 - 18]. http：//www. ce. cn/xwzy/gnsz/gdxw/201904/18/t20190418 - 31889707. shtml.

同比增长 7.0%，增速比国内生产总值和第二产业增加值分别高出 0.6 个和 0.9 个百分点；服务业增加值占国内生产总值的比重为 57.3%，比上年同期提高 0.6 个百分点，比第二产业高出 18.7 个百分点；对国民经济增长的贡献率为 61.3%，比第二产业高出 24.4 个百分点；拉动 GDP 增长 3.9 个百分点，比第二产业高出 1.5 个百分点。二是服务业生产趋势向好。从月度生产指数看，2019 年第一季度，服务业生产指数同比增长 7.4%，增速比 1～2 月加快 0.1 个百分点。其中，3 月服务业生产指数同比增长 7.6%，比 1～2 月加快 0.3 个百分点，为近 8 个月的高点。三是服务业市场主体继续扩大。2019 年第一季度，工商新登记服务业企业 118.5 万户，同比增长 13.0%，占全部工商新登记企业数量的 79.8%；全国规模以上企业中，服务业企业从业人数同比增长 5.0%，保持稳定增长。

2. 新动能释放新活力，服务业转型升级步伐加快

一是新兴服务业引领作用增强。2019 年第一季度，信息传输、软件和信息技术服务业，租赁和商务服务业增加值分别同比增长 21.2% 和 8.3%，分别高于服务业增加值增速 14.2 个和 1.3 个百分点，合计拉动服务业增长 2.1 个百分点。受金融业供给侧结构性改革和资本市场回暖等因素影响，2019 年第一季度，金融业增速明显加快，生产指数同比增长 6.4%，增速较上年同期和四季度分别上升 3.1 个和 1.6 个百分点，拉动 2019 年第一季度服务业生产指数增长 1.2 个百分点。2019 年 1～2 月，规模以上服务业企业营业收入同比增长 10.9%，其中，战略性新兴服务业、科技服务业和高技术服务业营业收入同比分别增长 13.0%、12.4% 和 12.4%，增速分别快于全部规模以上服务业 2.1 个、1.5 个和 1.5 个百分点。二是新技术、新业态为服务业发展注入新活力。网络提速降费持续推进，数字经济蓬勃发展，2019 年 1～2 月，全国移动互联网接入流量达到 162.8 亿 GB，同比增长 136.1%；规模以上互联网搜索服务、互联网生活服务平台、基础软件开发、物联网技术服务营业收入同比分别增长 38.5%、28.4%、27.0% 和 21.9%。大数据、人工智能、物联网等先进技术赋能传统行业转型升级，无人仓储、全场景刷脸支付、线上线下一体的社区生鲜等新业态不断涌现。一季度，社会消费品零售总额同比增长 8.3%，其中实物商品网上零售额同比增长 21.0%，高于社会消费品零售总额增速 12.7 个百分点，占社会消费品零售总额的比重为

18.2%，比上年同期提高 2.1 个百分点。三是服务业投资结构优化。2019 年第一季度，服务业完成固定资产投资同比增长 7.5%，增速比上年全年加快 2.0 个百分点。其中，高技术服务业投资同比增长 19.3%，增速比全部服务业投资高出 11.8 个百分点。2019 年 1～2 月，高技术服务业实际使用外资 246.7 亿元，同比增长 92.9%，高出服务业实际使用外资增速 90.5 个百分点。其中，信息服务、研发与设计服务、科技成果转化服务同比分别增长 101.9%、29.2% 和 76.4%。

3. 行业景气总体向好，企业信心稳步增强

服务业持续处于景气区间。2019 年前三个月，服务业商务活动指数均位于 53.0% 以上的景气区间。其中，3 月服务业商务活动指数为 53.6%，比上月提升 0.1 个百分点。铁路运输业、装卸搬运及仓储业、邮政业、电信广播电视和卫星传输服务、互联网软件信息技术服务、货币金融服务、资本市场服务和保险业等行业商务活动指数位于 57.0% 以上的较高景气区间。服务业新订单指数连续三个月位于扩张区间，延续良好发展态势，其中，3 月服务业新订单指数为 51.5%，比上月上升 1.0 个百分点。

在上述发展背景下，淀山湖地区已经引进了一些工业龙头企业，具有一定的制造业基础，需要进一步提升配套服务功能。并且，淀山湖临近的嘉定、松江等上海其他区域，会在商务服务业方面对青浦产生辐射性需求。更重要的是，淀山湖地区对接上海西虹桥商务中心，并地处长三角的交汇处，可以在更广阔区域内整合重点商务服务业的需求。由此，淀山湖区应围绕先进制造业的快速发展，主动集聚商务服务企业与相应资源，从而对青浦区的经济结构进行优化调整。

三、工业化与信息化融合发展提出更高需求

目前，我国已经进入工业化中期的后半阶段，处于从低附加值的资源依赖型向高附加值的信息、技术集约型转变的关键时期，在这个过程中蕴含着对商务服务的巨大需求。例如，企业在产业和产品结构升级中加强内部资源整合，通过管理创新和业务流程再造，逐步将发展重点集中于技术研发、市场拓展和品牌运作，这些都将为商务服务业创造出较大的市场空间。另外，我国信息化建设速度的加快及其与工业化的不断融合，也为上海商务服务企业提高运行效率、拓展市

场空间提供了有力支撑。通过对制造业 PMI 和生产性服务业商务活动指数的相关分析，近年来两者的相关性逐年提高，2017 年相关系数达到 2013 年以来的最高水平①，指数运行的协调性进一步增强，这表明包括商务服务业在内的生产性服务业与制造业两大产业之间的关联影响越发紧密，融合加速的趋势越发明显，生产性服务业在工业转型升级中的作用不断凸显，成为推动经济发展的重要动力。

上海在"十三五"规划纲要中提出，要"继续推进信息化与工业化深度融合，聚焦发展新一代信息技术、生物医药、高端装备、新能源等领域，大力培育战略性新兴产业，加快改造提升传统工业，保持先进制造业合理比重和规模"。上海市"坚持三二一产业共同发展、融合发展，更加重视实体经济发展，加快向产业链高端迈进，持续推进以现代服务业为主、战略性新兴产业引领、先进制造业支撑的新型产业体系建设，夯实经济中心的产业基础"。在服务业发展方面，上海要"放宽准入、扩大开放、优化环境，推动生产性服务业向专业化和价值链高端延伸、生活性服务业向精细和高品质转变"。在此背景下，制造业高质量发展对上海市包括商务服务业在内的生产性服务业效率具有显著的提升作用。例如，计算机互联网产业的迅猛发展，带动了制造业与生产性服务业之间的联系，使得制造业的高质量发展能够更加直观地反映在与之紧密联系的商务咨询、供应链管理、会展及相关的商务服务行业中。

根据统计数据②，2018 年青浦区战略性新兴产业（制造业部分）企业 159 户，完成产值 417.0 亿元，比上年可比增长 3.0%，占全区规模工业产值比重 27.1%；其中，新一代信息技术完成产值 50.7 亿元，可比增长 21.0%，增幅位居首位；高端装备、生物医药、节能环保和新能源产业分别完成产值 119.2 亿元、43.9 亿元、24.7 亿元和 20.4 亿元，可比增长 17.4%、7.5%、3.1% 和 7.7%。但从总体发展情况来看，淀山湖地区在先进制造业方面不具有较好的发展基础与优势。在工业化深入发展的转型期，青浦区可以避开自身劣势，利用上海及周边地区乃至全国先进制造业蓬勃发展所产生的对商务服务业的需求，重点

① 史朝晖，李娜，王媛媛. 2017 年中国服务业商务活动指数稳中有升［N］. 中国信息报，2018 – 01 – 25（002）.

② 青浦区统计局. 2018 年上海市青浦区国民经济和社会发展统计公报［R］. 2019 – 03 – 12.

发展与上海市尤其是虹桥商务区功能相配套的中介咨询等商务服务业，为先进制造业中的企业在市场与品牌发展等方面提供智力支持。由此，又将对知识型人才及其管理、知识产权服务等其他生产性服务业产生具体需求。同时，依托电子商务、航运物流等的发展，大力发展大数据产业。

四、上海以服务经济为主的产业结构格局加快形成

当前，长三角城市群作为我国区域经济的增长极，经济发展水平已经接近或达到发达国家的水平，整体进入了工业化后期。中心城市的生产性服务业主要是通过产业关联效应、技术外溢效应来带动外围中小城市的发展，并且中小城市和中心城市的对接还能分享规模市场的好处。生产性服务业在大城市集聚发展，一方面可以更加便利地接近目标客户，增强合作者之间的信任，降低交易不确定性；另一方面也有利于获得多样化的专业供应商，获取前沿的专业信息，节约交易的搜寻成本。此外，生产性服务业的集聚发展还有利于城市的产业结构升级，促进要素在城市群内部的流动，强化中心城市的服务功能、协调组织功能。随着信息技术的发展和基础设施条件的改善，生产性服务业和制造业在空间上的分离成为可能。在长三角城市群中，中心城市上海的产业率先实现了转型，向后工业化时代也就是向服务经济为主过渡。

自20世纪90年代中后期以来，上海加大服务经济的发展力度，第三产业增加值增速不仅明显超过第一、第二产业，而且持续高于GDP增速，服务业已成为上海经济增长的重要动力（见图2-2）。2014年6月，上海市发布《上海产业结构调整负面清单及能效指南（2014版）》[①]，率先实施"负面清单"管理模式，对高载能行业由"限制发展"升级到"限制生存"，大大加速了上海的产业结构调整。

2014年，上海市经济和信息化委员会发布《上海工业及生产性服务业指导目录和布局指南（2014版）》，结合产业定位和结构变化，按照"三环一带"市

---

① 《2017年上海市产业结构调整重点工作安排》中，青浦区涉及113个项目，主要任务是"推进赵巷新城二区以及白鹤镇吴淞港上游水源保护区、重固镇新型城镇化建设区域等产业结构调整重点区域"。

域空间，分类布局"四新"经济和重点产业。其中，从产业总体布局上看：

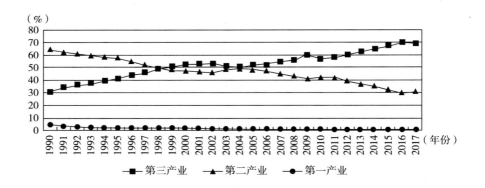

图 2 - 2　1990 ~ 2017 年上海市三次产业结构变化

1. 中心城区域

加快内中环地区的产业结构优化，着力发展具有国际竞争力和高附加值的战略性新兴产业、高端生产性服务业和创意设计产业。集聚发展新一代电子信息、节能环保、现代都市工业，以及提升城市功能的总部经济、科技研发、创意设计、专业金融、专业中介等生产性服务业、软件和信息服务业、创意时尚产业，形成具有国际影响力的高端生产性服务业、战略性新兴产业和创意时尚产业集聚区。

2. 沿外环区域

依托本市城市化发展以及虹桥商务区、国际旅游度假区等重点功能性区域发展，推进沿外环区域生态经济圈建设。推动沿外环区域老工业基地更新改造，推动城郊接合部乡镇工业区转型升级。重点布局新一代电子信息、高端装备制造、节能与新能源汽车、民用航空、卫星导航、节能环保、软件和信息服务业等，集聚发展与特色制造业紧密配套的科技研发、供应链管理、检验检测、电子商务等专业型生产性服务业。

3. 郊环区域

依托郊区新城和重点工业区发展，建设具有国际竞争力的战略性新兴产业和先进制造业基地，推动"嘉青松产业发展带"与长三角地区产业联动发展，发挥郊区新城"产城融合"效应。重点发展新一代电子信息、节能与新能源汽车、新材料、高端装备制造、民用航空、卫星导航、节能环保、生物医药、生产性服务业等，建成一批有特色的产业园区，形成具有全球竞争力的战略性新兴产业基地和先进制造业基地。

为此，上海大力推进"四个中心"建设，形成以服务经济为主的产业结构。一是上海城市建设重心向郊区转移。世博会后，上海城市建设重心逐步转移至城郊地区；二是上海加速形成以服务经济为主的产业结构，不仅要加快发展服务经济，也要推动制造业成熟发展，形成良好的产业融合发展态势；三是上海加快培育战略性新兴产业，全力推进高新技术产业化；四是功能性设施建设，如长三角城际铁路网、虹桥综合交通枢纽、虹桥商务区建设等。在上海将发展重心向郊区转移的背景下，青浦应依托交通网串联的优势，利用交通核心区人流、商流资源向周边集散的趋势，加强同嘉定、松江、大虹桥商务区之间的产业联动、共生发展，配置大城市综合服务要素和创业职能，成为发展现代上海生产性服务业的重点区域。进一步地，青浦可以充分利用土地等资源优势，积极争取重大基础设施或向商务会务类项目倾斜，尤其是商务服务业，更容易形成集聚态势；上海高新技术产业的快速发展，也为青浦淀山湖大力发展大数据、知识产权服务、高端人才服务等产业提供了支撑与动力；从区位来看，在对接上海功能性设施建设方面，青浦的区位、交通等优势更加突出，使得青浦地处上海郊区的劣势转而成为发展商务服务业的优势。同时，要优化和完善园区载体功能，加快推进园区基地化发展和产城融合发展。

五、人口结构层次调整及周边区域发展模式的转变

从 20 世纪 50 年代起，城市人口不断增长。在过去 25 年的时间里，全球城市人口增长速度加快，城市居民占全球人口的比重从 1990 年的不到 43% 增加到 2015 年的超过 54%。其中，1/8 左右的城市居民生活在人口规模超千万的大城市中，德里、上海和北京等大城市的人口在此期间增加了 2 倍。当前，全球的城市化进程仍在持续推进，根据联合国人口司的估计，2050 年城市居民占全球人口

的比重将达到66%，人口规模超千万的大城市将达到41个（UN，2014）。城市规模日益增长的同时，伴随全球化的推进和跨国公司的发展，城市间对于企业、投资和人才的竞争也越来越激烈。但是，从人口结构上来看，上海的突出问题在于其人口结构与人口增长情况不够理想，即上海的老龄化问题非常严重，人口自然增长率较低，人口净流入量不高，长期发展会导致人口结构失衡以及人口集聚的规模化程度下降，具有创新能力的人口发展后劲不足，将会对上海能否长久居于创新型大都市的地位造成不利影响。

上海的市域空间可以根据建成区人口的密度和形态划分为核心区、边缘区和外围区三个层次（刘贤腾，2016）。其中，核心区大致范围为1994年通车的内环线以内的区域，该区域是上海作为全球城市和区域发展龙头的核心，金融、贸易、保险、公司总部、高档商品零售、酒店餐饮等高端生产性服务设施大部分集中在该区域，面积约114平方千米，全市80%的30层以上的超高层建筑也集中在此区域，所对应的圈层半径为6千米。边缘区是指内环至外环间及外环线外侧周边地区，即通常所说的中心城及周边地区的区域。经过20多年的社会经济持续高速增长以及有临近核心区的区位优势，该区域的土地得到高强度的快速开发，目前已经与中心城形成蛙跳式的连绵型建成区。从通勤活动范围和职住平衡的角度来看，边缘区与核心区在功能上构成了一个整体。边缘区的边界所对应的圈层为18~20千米。外围区则是指边缘区以外、市域管辖范围之内的广大郊区，主要分布为郊县新城、城镇、大型工矿区和量大面广的农村。该区域尽管有嘉定、青浦、松江、闵行、金山、南桥和南汇临港等新城，但这些新城仍保持着较为独立的社会经济活动组织和功能体系，职住平衡和自给自足程度仍然很高，且中心城与新城之间有大面积的农林用地，并没有形成连绵一体之势。

2000~2010年，上海城市的发展受"世博"大事件的驱动，社会经济仍然延续高速增长态势，10年间市域常住总人口增加了600多万。受轨道交通和外环线等重大交通设施建成通车的引导，核心区的居住人口总量持续下降，郊区化进程不断增强。这一时期，虽然边缘区和外围区的人口总量仍在增长，但外围区各圈层的人口总量增长幅度要大于边缘区的各圈层。对比各圈层的人口密度变化，边缘区的人口密度增长幅度要大于外围区，而且10~12千米和14~20千米环带上的人口密度增长幅度较大。外环线两侧区域受核心区人口外迁和外来人口迅速增长的双重影响，环中心城的连绵态势基本形成，上海的建成区范围也迅速拓展至 20 千米处。人口结构的演变推进了上海商务服务业自身的发展，并且为商务服务业向外围空间拓展提供了动力。

从城市地位来看，国家中心城市在世界城市网络中的战略地位主要是由服务业特别是高端生产性服务业的功能体现出来的，上海已经在一定程度上嵌入全球服务网络，具有建设世界服务业中心城市的基础，并呈现出相应的指挥控制功能和等级特征。从服务业发展的外部环境看，随着全球化的深入推进、我国经济高质量发展和国际地位的进一步提升，特别是"一带一路"倡议和各项多边双边自由贸易安排的实施，客观上为上海在更大空间范围内配置各种要素提供了有利条件，使其在文化、科技、创新服务、高端消费等国际性职能方面有更大突破，逐渐向全球城市服务业网络体系顶端移动。特别是，在经济全球化以及互联网经济发展的背景下，人力资源蕴藏的知识含量普遍提升，尤其在上海这种经济社会发展的先进地区，由于主导产业向知识密集型、技术密集型的复杂型产业转变，对人力资源的要求也逐步提高，高端人才、精英人才的集聚使得城市的人口结构实现层次化提升。

在上述发展进程中，淀山湖地区的人口规模伴随着快速的经济社会发展而稳定增长，但由于地处郊区，在吸引高层次人才方面并不具有优势。同时，区内三次产业比重在 2012 年末仍为 1.4∶57.5∶41.1，其中，第三产业的比重首次超过40%，这与上海市第三产业占比为 60.2% 的平均水平有非常大的差距，并且也低于江苏省 44.2%、浙江省 46.1% 以及全国 44.6% 的平均水平。2018 年，青浦区三次产业比重达到 0.8∶43.6∶55.6，第三产业的比重超过江苏省 51.0%、浙江省54.7% 以及全国 52.2% 的平均水平，相比于 2012 年的情况有了很大改善。其中，2018 年，青浦区第三产业增加值增长 11.9%，高于全区生产总值增幅 5.5 个百分点，支撑全区经济增长，但与上海市 69.9% 的总体水平相比仍有较大差距。可见，青浦区第三产业的发展水平仍较为滞后，缺乏吸引高层次人才的基础。

六、水源保护区功能定位与制约下的发展需求

1987 年 8 月 29 日，上海市人民政府发布实施《黄浦江上游水源保护条例》，划定金泽镇、练塘镇、朱家角镇三个镇的大部分区域为黄浦江上游水源保护区，面积约 319 平方千米，占全区面积的 47.64%。1996 年 5 月 28 日，上海市人民政府第 27 号令第一次修正；1997 年 12 月 14 日，上海市人民政府第 53 号令第二次修正并重新发布《上海市黄浦江上游水源保护条例实施细则》。2009 年 12 月 10 日，上海市第十三届人民代表大会常务委员会第十五次会议通过《上海市饮用水水源保护条例》；2010 年 3 月 28 日，上海市人民政府第 30 号令公布了《上海市人民政府关于废止〈上海市黄浦江上游水源保护条例实施细则〉的决定》。将饮用水水源的范围扩大至包括黄浦江上游饮用水水源、青草沙饮用水水源、陈行饮用水水源、崇明东风西沙饮用水水源和其他饮用水水源。之后，根据 2017 年 12 月 28 日上海市第十四届人民代表大会常务委员会第四十二次会议《关于修改本市部分地方性法规的决定》修正了《上海市饮用水水源保护条例》。长期以来，由于受黄浦江上游水源保护区和重要生态功能区定位的影响，在相关条例的制约下，区内部分城镇的发展受到限制，经济发展缓慢，居民就业机会减少。

随着 2014 年崇明东风西沙水源地以及 2016 年底黄浦江上游金泽水库建成投运，上海市供水格局发生较大变化，主要涉及东风西沙饮用水水源一级保护区边界划定和黄浦江上游饮用水水源保护区划修编。针对金泽水源地建成后黄浦江上游供水格局的重大变化，2017 年 6 月市政府批准了《黄浦江上游饮用水水源保护区划（2017 版）》，优化了水源保护区分布，并创设了缓冲区。2018 年 1 月 1 日起《上海市水资源管理若干规定》正式实施，其中第六条规定："本市在饮用水水源保护区和准保护区外，可以根据饮用水水源保护的需要，划定一定范围的缓冲区。缓冲区的划定和调整，由市环保行政管理部门会同相关行政管理部门、区人民政府提出方案，报市人民政府批准后公布执行。缓冲区的具体管理要求，由市人民政府另行制定。"2018 年 12 月 26 日，上海市人民政府印发了《上海市饮用水水源保护缓冲区管理办法》的通知，并于 2019 年 3 月 1 日起实施该办法。

此外，根据中华人民共和国环境保护部 2008 年第 28 号、第 30 号公告精神，

青浦区自 2008 年 9 月 1 日起执行太湖流域水污染物特别排放限值。据统计，涉及太湖流域执行水污染物特别排放限值的企业共计 130 家，其中有 23 家企业处在水源保护区内，必须进行限期治理或关闭。而根据修订的《黄浦江上游水源保护条例》，上海市应建立与太湖流域、长江流域有关省市的饮用水水源保护协调合作机制，市环保、水务等有关行政管理部门应当加强与太湖流域、长江流域的管理机构以及有关省市相关部门的联系和沟通，协调做好上海市饮用水水源的污染防治工作。

可见，在确保水源安全的前提下，必须促进区域统筹发展，提升水源保护区内居民的生活质量，实现其同等的生存权和发展权，这将进一步推进淀山湖地区重点发展以商务服务业为重点的现代生产性服务业，一方面可以满足水源保护区保护水源的具体要求，另一方面可以有效地提高淀山湖区的区域经济发展水平。从总体发展环境状况来看，淀山湖地区具有发展商务服务业的有利的国际国内环境，自身的资源禀赋现状以及经济结构转变的内在要求与商务服务业的发展方向相匹配。需要在此基础上，深入分析商务服务业的行业发展情况。

第二节　行业发展情况分析

根据 2019 年的《生产性服务业统计分类》，商务服务业主要包括组织管理和综合管理服务、咨询与调查服务、其他生产性商务服务三个行业类别。综合发达国家、地区和我国商务服务业发展的实践，商务服务具有四个明显的产业特性：一是成长性强，尤其是在工业化中后期表现出较高的增长速度；二是人力资本含量、技术含量及附加值高，提供的服务以知识、技术和信息为基础，对商业活动的抽象分析和定制化程度高，以知识要素投入生产过程，表现为人力资本密集型；三是具有顾客导向型的价值增值效应，通过与顾客的不断交流和合作，以知识、经验、信息、品牌和信誉为要素提供专业化的增值服务；四是集聚性和辐射力大，通过高度聚集于国际大城市，强力辐射相关工业产业，提高其区域控制力。具体来看，通过对商务服务业主要行业的发展情况进行分析，有助于淀山湖地区充分利用商务服务业的特征优势，选择适宜的发展行业。

一、组织管理和综合管理服务

组织管理和综合管理服务涉及的范围比较广，从主体上来看，包括企业总部管理、农村集体经济组织管理、园区和商业综合体管理服务；从内容上来看，包括投资与资产管理、资源与产权交易服务、单位后勤管理服务、供应链管理服务等。其中，农村集体经济组织管理、资源与产权交易服务、园区和商业综合体管理服务、供应链管理服务是 2019 年分类标准相比于 2015 年分类标准新增的内容。以下对这四类新增服务内容进行具体介绍。

1. 农村集体经济组织管理

农村集体经济组织是指以土地等生产资料劳动群众集体所有制为基础，承担管理集体资产、开发集体资源、发展集体经济、服务集体成员的基层经济组织，该类组织产生于 20 世纪 50 年代初的农业合作化运动，是指对土地拥有所有权的经济组织，《民法总则》将"农村集体经济组织"规定为特别法人。[①] 农村集体经济组织是农村集体资产的管理主体，但在管理方面还存在不规范、不健全等问题。例如，虽然制定了集体经济产权制度改革、成员认定等工作的具体办法和参考程序，但由于没有相关政策支撑，各地在组建农村集体经济组织过程中存在着章程制定、经营管理人员选举、内部机构设置等方面程序不够规范的问题。另外，由于没有设置独立的会计财务，不少组织的财务管理还不够健全。

为了践行党的十九大报告关于"深化农村集体产权制度改革，保障农民财产权益，壮大集体经济"的要求，农村集体经济组织应健全内部管理机制，规范集体经济的股权分配，通过制定适宜的规章制度，落实农村集体经济的扶持政策和保障措施。同时，针对落后的财务管理现状，要加强财务监管，做好管理人员的审计工作和绩效评价工作。此外，其内部结构应符合现代企业制度的要求，设立

---

① 《民法总则》第 96 条：本节规定的机关法人、农村集体经济组织法人、城镇农村的合作经济组织法人、基层群众性自治组织法人，为特别法人。

村民代表大会、董事会、监事会等机构，并对相关人员进行选聘，建立有效的薪酬激励机制和约束机制。

2. 资源与产权交易服务

资源与产权交易服务是指除货物、资本市场、黄金、外汇、房地产、土地、知识产权交易以外的所有资源与产权交易活动，包括公共资源和国有产权交易、各种非国有产权交易活动、自然资源交易活动、环境排放交易活动、碳排放交易活动、能源交易活动、农村产权流转交易活动、节能量交易服务、循环经济资源交易及鉴证服务、其他资源与产权交易服务。

2015 年 11 月，国务院国资委办公厅发布了《关于贯彻落实整合建立统一公共资源交易平台加强国有产权交易监管有关事项的通知》，以规范国有产权交易。生态环境部也表示，将积极推进中国碳排放权交易市场制度体系建设、基础设施建设，深入开展碳排放报告核查、配额分配和能力建设等方面的工作，并进一步优化碳排放交易服务内容。各地方政府也通过加强服务意识、提高交易公信力、落实相关政策、拓宽业务范围、丰富交易品种、完善交易系统、引进专业人才等方式，全面提高资源与产权交易服务质量。

3. 园区和商业综合体管理

产业园区是以促进某一产业发展为目标而创立的特殊区域，具有区域经济发展、产业调整升级的重要空间聚集形态，担负着聚集创新资源、培育新兴产业、推动城市化建设等一系列重要使命。从管理流程的角度看，产业园区管理主要涉及主导产业规划、空间规划、项目管理、招商管理、运营管理、绩效评估等环节；依据管理学的基本逻辑，产业园区管理也应当包含规划、组织、领导、控制四个主要方面。实际上，产业园区管理既不同于以政府、事业单位为主体的公共管理，也不同于以企业为主体的企业管理，然而针对产业园区尚未形成一套科学合理的管理体系。进一步地，从园区主体的工作特征以及园区持续发展的趋势来看，产业园区管理要解决三个基本问题，即：园区要到哪里去？园区应该怎么做？园区做得怎么样？因此，园区管理体系的内容结构可以划分为三个层面，即园区规划管理、园区运营管理、园区控制管理。据此，园区管理体系是以实现高质量持续发展为目标，以全周期赋能为手段，包含规划管理（Planning）、运营管理（Operation）和控制管理（Control）三个流程环节的闭环系统，并形成POC（规划—运营—控制）管理架构。

商业综合体是将城市中商业、办公、居住、旅店、展览、餐饮、会议、文娱等城市生活空间三项以上的功能进行组合，并在各部分之间建立一种相互依存、相互裨益的能动关系，从而形成一个多功能、高效率、复杂而统一的综合体。上海的恒隆广场和新天地、北京燕莎和华贸中心、深圳地王大厦、广州天河城等，都是这种商业综合体。一般来说，商业综合体具有内部和外部两方面的特征，其内部特征包括大空间尺度、通道树形交通体系、现代城市景观设计、高科技集成设施等；外部特征包括高可达性、高密度与集约性、整体统一性、功能复合性。商业综合体经历了多年的蓬勃发展，但由于受到城市经济发展水平、人口结构状况和消费能力的影响，使得各商业综合体之间的竞争加剧。同时，电子商务的迅速扩张也制约了线下需求。从商业综合体自身来看，其经营管理水平也相对较低，基本是超市或百货店的传统管理模式，简单地通过招商收取租金，缺乏统一的规划运营。因此，专业的商业综合体运营是其摆脱发展困境的关键出路。

4. 供应链管理服务

在买方市场下，客户满意度成为衡量企业竞争力的重要指标，并且推进企业将优化资源的范围由内部拓展至外部即整个供应链环节，通过对供应商、制造商、分销商、零售商在物流、信息流、资金流等方面的计划、协调与控制，建立一种企业间的战略合作伙伴关系。因此，供应链管理是指在满足一定的客户服务水平的条件下，为了使整个供应链系统成本达到最小而把供应商、制造商、仓库、配送中心和渠道商等有效地组织在一起来进行的产品制造、转运、分销及销售的管理方法。

在供应链管理中，信息与知识的共享是影响管理成效的关键因素，知识管理水平的提升可以提高供应链企业知识创新和知识运用的效率。同时，随着环境问题日益严重，企业等相关组织逐渐关注绿色发展和可持续发展，绿色供应链管理成为创建市场新机会的重要抓手。绿色供应链管理活动起源于制造部门，是企业有效应对环保规范和处理与利益相关者关系的管理模式。① 从内涵上来看，绿色供应链管理主要包括组织内环境管理和组织间环境管理，具体分为绿色采购、生态设计、内部环境管理、绿色消费和投资回收。②

此外，企业总部管理、投资与资产管理、单位后勤管理服务在分类上基本没有变化。其中，企业总部管理是指不具体从事对外经营业务，只负责企业的重大决策、资产管理，协调管理下属各机构和内部日常工作的企业总部的活动，其对外经营业务由下属的独立核算单位或单独核算单位承担，还包括派出机构的活动（如办事处等）。投资与资产管理是指政府主管部门转变职能后成立的国有资产管理机构和行业管理机构的活动以及其他投资管理活动，不包括资本投资服务；单位后勤管理服务指为企事业、机关提供综合后勤服务的活动。

二、咨询与调查服务

咨询与调查服务业是在改革开放中不断丰富并发展起来的，主要包括审计及税务服务、市场调查服务、商务咨询服务三个方面的内容。总体来看，我国的咨询与调查服务业发展仍落后于全球先进水平，并滞后于我国经济与社会发展的现实要求，同时也表明该行业具有广阔的发展前景。

1. 审计及税务服务

审计监督是国家治理体系现代化的重要内容，是保证国民经济持续、健康、协调发展的必要手段。当前，审计在促进经济社会发展中的地位越来越重要，通过审计监督能够查找和发现经济运行中存在的突出问题，并及时做出纠正和处理，最终达到服务经济建设的目标。从审计服务需求方面来看，存在着政府、公司、债权人三种需求主体，并且展现出不同的需求层级。①政府对审计服务的需求受到质疑。一是国外的审计公司被政府赋予了更多的服务机会，国内的审计公司处于不争的劣势地位，这种现象不仅存在严重的不公平，而且也很难证明国外

① Hervani A., Helms M., Sarkis J. Performance Measurement for Green Supply Chain Management [J]. Benchmarking: An International Journal, 2005, 12 (4): 330 – 353.

② Shi V. G., Siferd S. P. Enviornmental Purchasing: A Framework for Theory Development [J]. European Journal of Purchasing & Supply Management, 2001, 7 (1): 54 – 67.

的会计师事务所比中国的更可靠；二是少数大型审计公司凭借其品牌与人脉垄断了大部分地方审计服务，审计服务市场的透明度下降，竞争变得不充分，从而降低了审计服务的质量，难以有效保障债权人获取高质量信息。②企业对审计服务的需求多非自愿。企业接受审计往往是为了应付政府管理的要求以及法律的规制，对于审计服务质量的关注远低于对审计费用的计较，审计服务也就难以扮演好守门人的角色，不能实际上成为债权人利益的监护者。③债权人对审计服务的需求真实而迫切。审计服务可以为债权人提供翔实的资信信息，保障其利益。随着证券市场的不断成熟，债权人对于审计服务的需求也会更大。

在税务服务方面，我国纳税人委托纳税代理的意愿较低，税务代理率不足10%，远低于日本、美国等发达国家；税务代理事务所规模较小，从事代理行业的人员缺乏专业知识、服务水平低，服务质量难以满足实际需求；税收代理机构定位不清晰，存在不严格遵循国家税法规定、难以公正和客观地办理相关税法业务的现象；税务代理资格认定和税务代理人员的确认管理等存在一些问题，相关执业资格要求较低。可见，为了进一步提高我国税务服务水平，并满足对外开放的需求，应当全面开放税务市场，不断学习国外税务代理机构先进的经营理念、服务态度、技术支持等，促进我国税务服务行业的发展。同时，作为高端服务业的重要组成部分，税务服务行业的发展也是新常态下经济发展的内在要求。特别是，企业在响应"一带一路"倡议、不断"走出去"的过程中，由于各个国家和地区的税法及规定较为繁复，而在境外遭遇了日益增加的税收风险和争议。可见，在税务服务方面，应当开展相关培训和讲座，帮助企业了解其他国家和地方的税收政策等。

2. 市场调查服务

市场调查行业在中国已有近 40 年的发展历程，从开始的单一数据采集的低端业务逐渐发展到提供研究和营销咨询的高端服务，并且从集聚在北京、上海、广州三地拓展到全国各地，形成了比较完备的全国性的调查网络。目前，市场调查行业已经有统一的标准并且与国际接轨，参照了全球性的服务与质量准则（ESOMAR，即欧洲社会、民意与市场研究协会）。市场调查的手段也从入户访问、街访、座谈会等以纸质问卷为主的面访方式发展到使用先进仪器和技术的快速准确的调查手段（CATI、Online、e-survey、Pad、移动终端、图像识别、词云等）。在大数据时代下，伴随着人工智能技术的发展，市场调查行业已经不再沿袭传统的抽样调查的思路，而是从海量数据中提供具有价值的信息。

进入 21 世纪后，国外市场调查服务公司包括尼尔森、益普索、艾瑞等不断进入中国发展，使得国内的市场调查行业出现了合并、合资、重组等发展模式。同时，国内从事市场研究的民营企业也获得快速发展，而大数据技术公司则给市场调查行业带来了冲击。总体来看，中国的市场调查行业规模不大，2017 年国内市场调查研究总额约为 140 亿元人民币，自 2010 年开始，行业平均年增长率在 6% 左右（翁瑞光，2019）。进一步地，市场调查行业利用技术吸收、人才引进等方式，推动行业持续转型升级，并营造了较好的外部市场应用环境。自 2017年以来，行业中的大型公司稳步发展，中型公司大量兴起。而且，行业发展正面临四个方面的主要问题：一是市场调查行业恶性竞争，特别是价格竞争是制约行业发展和企业经营的最突出问题；二是缺少行业标准、法律法规和行业管理监督；三是行业规模小、服务水平和质量有待提高、行业认知度偏低；四是大数据对市场调查行业的冲击，这不仅仅在于对调查行业数据采集优势的弱化，对传统抽样调查方法的挑战，更在于对行业专业人才体系的重建和行业知识的重构（翁瑞光，2019）。

3. 商务咨询服务

商务咨询业是以智力为基础、以营利为目的的中介性策划行业，是现代服务业的重要组成部分，包括营销策划、公关策划、企业诊断、管理咨询、人力培训、购并中介、融资顾问、财务管理、战略设计、可研论证、项目评估以及由此拓展的资产评估、财务代理等业务。20 世纪 80 年代中期以来，随着市场经济的发展，中国的商务咨询服务经历了以收集、售卖商务信息为盈利点的一般资讯阶段，以商务策划活动为经营方式的点子策划阶段，以及向深化和细化发展的专业化经营阶段。并且在这一过程中，国内商务咨询公司表现出一些发展特征：一是与高校科研机构和政府部门有着紧密联系，商务咨询服务的知识密集型特征使得高校科研机构容易派生专业服务机构，而政府部门的权力背景和关系优势也促进了以专业公司的形式承揽相关业务或建立权威；二是公司规模不大，服务内容大多为培训、会议策划等，从事具有专业资格要求的资产评估、审计、会计等业务，相比于国际知名公司，在大型战略策划方面的权威性不够。

目前，世界500强企业中约有50%的公司拥有自己长期合作的国际著名咨询公司。美国的全球性经济扩张主要依靠咨询业的蓬勃发展，其中AT&T公司有1000多家咨询公司为其进行全方位、多层面咨询，每年投入的咨询费用高达3亿多美元。早在1998年，中国华为公司就出资4亿美元邀请IBM咨询公司在关键项目上进行合作。在德国，咨询产业是德国经济中发展最快、最稳定的现代产业部门，其年增长率远远高于德国国民经济的年增长率，成为德国社会经济体系中的有机组成部分。咨询的触角并已伸向人们日常各个方面，包括医疗保健、文化娱乐、教育、求职等一切需要咨询的服务。咨询的内容多而全，既有生产管理咨询，也有战略咨询，还有管理方法的咨询等。进入21世纪，管理咨询业已致力于将最先进的管理思想、管理模式与现代化的IT技术手段相结合，为企业全面系统化的管理改造工程提供顾问服务。随着我国市场经济不断走向成熟和发展，可以预言，咨询产业将是我国21世纪最具希望的朝阳产业。

近年来，咨询业营业额的增长率远高于同期中国国内生产总值增长率及第三产业增长率。2013年，工程咨询行业的市场规模达到约4860亿元，到2015年市场规模预计达到5800亿元，近几年增速将在20%左右。2013年，上海市的咨询机构总量为12524家，占全国咨询机构总量的27.6%，其中，咨询与调查（含会计等）占比49%，其次是房地产、运输代理、中介（职业、科技、金融、婚介）等。同时，超过半数的咨询服务机构的年营业收入不足100万元。

青浦区位于中国咨询机构数量最多的上海，面临较强的咨询市场潜力和咨询业能量。同时，上海专业咨询机构开始呈现规模经营特征，从业人员和营业收入逐年递增，外资进入上海咨询业的速度加快。青浦区应在此背景下，利用对接虹桥商务区等发展机遇，发展高端中介咨询业，吸引知名咨询服务企业入驻，充分发挥咨询业知识密集的特点，使其成为淀山湖区服务业发展的黏着剂、产业链延伸的催化剂。根据各类咨询机构的营利性，青浦区可以重点发展管理咨询、金融咨询、工程咨询、综合咨询等。

三、其他生产性商务服务

根据 2019 年《生产性服务业统计分类》的相关规定，其他生产性商务服务包括广告业、生产性安全保护服务、生产性市场管理服务、会议、展览及相关服务、办公和翻译服务、信用服务、其他未列明生产性商务服务。与 2015 年的分类标准相比，在该项类目中，增加了翻译服务，市场管理服务集中于生产性行业，并且拓宽了会议及展览服务的范围。

1. 广告业

中国广告业于 1978 年改革开放之后正式起步，在 40 多年的发展历程中表现出以下几方面特征：一是产业规模迅速扩大。从全国广告经营额来看，1982 年仅有 1.5 亿元；1993 年突破百亿元，达到了 134 亿元，同比增长 97%，广告从业人员数量达到了上一年的 168%；2003 年突破千亿元；2013 年突破 5000 亿元；2018 年底则达到了 7600 亿元。二是开放程度逐步增加。2001 年底，中国加入 WTO，广告业做出了开放的承诺；2003 年，中国允许设立外资控股的广告公司；2005 年底，中国允许设立外资独资子公司，广告业对外全面开放。三是产业结构持续优化。广告市场主体涵盖多种所有制形式，广告由专业化向集约化推进。2012 年，国务院发布的《服务业"十二五"规划》中，进一步提出大力发展广告业，提高广告业集约化、专业化、国际化发展水平。广告创意、策划、设计、制作作为广告业核心服务内容，被列入国家产业结构调整指导目录鼓励类，并在中央财政资金的支持下建设广告园。四是公益广告广泛发展。2016 年，国家出台《公益广告促进和管理办法》，对公益广告的发布和制作提供了诸多优惠政策。五是行业建设逐步完善。广告行业组织体系已经完成，行业自律机制逐渐完善，行业组织改革稳步推进，广告教育和职业教育方兴未艾。2015 年，《广告法》修订完成，标志着广告立法工作日益成熟，广告业地位显著提升并融入国家和区域经济发展（张国华，2019）。

在过去的 20 年里，人工智能技术在细化广告平台等方面得到运用，从而扩大了广告市场的规模，潜移默化地改变着广告和广告业。目前，人工智能对广告的影响主要体现在革新广告投放方式、精准定位目标受众等方面，而人工智能广告也将成为未来广告的主要形式。定制人工智能广告将根据个人的情况来调整广告的语言、节奏、图像和颜色，旨在满足每个受众的不同需求。例如，淘宝首页横幅广告由每秒能够设计出 8000 张海报的阿里鹿班制作，根据每个用户的购买习惯等信息定制不同的广告（刘莹，2019）。

2. 生产性安全保护服务

生产性安全保护服务是指为生产活动提供的保安服务、安全系统监控服务等。其中，保安服务业是现代社会政治、经济发展的必然产物。改革开放初期，中国沿海经济特区工业发展迅猛，三资企业迅速崛起，同时，国企加强改革和发展、民营经济异军突起，商业性文体活动、展览展销活动日益增多，这些对专门提供安全防范服务的组织提出了需求。公安机关作为国家职能部门，一方面长期超负荷运转，无法满足社会各界对安全的需求，另一方面也不适合为社会各类经济成分提供无偿服务或具体的商业性服务。一些群众性的安全防范组织也难以适应新时期防范工作的要求。在此背景下，深圳市蛇口区保安服务公司于 1984 年 12 月 18 日成立，标志着中国现代保安服务业的诞生。1985 年 1 月，全国政治工作会议明确指出："在大中城市创办保安服务公司，承担大型营业性展览、展销和文体活动，以及外商独资、合资企业的保安业务，建立这样一个在公安部门直接领导下的服务公司。"1988 年 7 月，公安部报经国务院批准，正式向全国各地印发关于组建保安服务公司的通知，全国保安服务业迅速发展起来。1994 年 6 月，中国保安协会成立并召开第一次全国代表大会。2000 年 3 月，公安部出台《公安部关于保安服务公司规范管理的若干规定》，进一步规范保安服务业的发展。2010 年，中国第一部保安服务行业法规《保安服务管理条例》施行，明确了公安机关与保安服务的关系。目前，全国监管机制与保安服务业快速发展不相适应，应当根据当下保安工作面临的新形势、新要求，设立统一的保安监管机构，加强保安监管队伍的建设；建立保安企业统一的信用评价体系、统一的信用公示平台；加强信用评定结果的应用（梁燕，2019）。

安全系统监控用于煤矿、铁路、桥隧、大坝、计算机网络以及城市管理等多个领域。同时，在大数据时代，多维大数据融合应用会使许多行业的业务模式发生变革、性能规模出现飞跃，在安全系统监控方面对技术设备、信息处理能力等都有更高的要求。

　　3. 生产性市场管理服务

　　生产性市场管理服务是指为生产活动提供的各种交易市场的管理活动。中国经济与科技的快速发展，为各个行业提供了强劲的发展动力，并形成了各类专业市场。经过多年的发展，中国专业市场在数量与成交量方面都取得了长足进展。专业市场是大量销售商在特定实体空间内集中开展若干类相关商品交易活动的共享式平台。中国特有的大国市场规模优势和产业规模优势赋予了专业市场广阔的成长空间和持久的发展潜力。20 世纪 80 年代，全国各类专业市场已经超过 4 万多个，年成交额约为 230 亿元。2017 年，全国亿元以上的专业市场就达到了 3308 个，成交额达 8.24 万亿元，占全国亿元以上商品交易市场的比重分别为 72％和 76％。① 专业市场持续推动了中国市场化、工业化和城镇化进程，并在产业集群联动发展的背景下成为发达地区经济不断转型的驱动力。

　　从效率来看，专业市场效率较高的地区主要集中在东部沿海省份，西部的重庆和新疆也处于全国领先水平。

　　但是，从市场管理服务方面分析，全国大多数专业市场的管理服务水平都处于中低水平，即便是发展效率较高、转型升级较好的地区，也要以构建全国统一大市场为目标，围绕市场制度创新和产业转型升级协同，融合电子商务、大数据、人工智能等信息技术，探索专业市场的信息化和智慧化转型的新路径，通过提高市场管理服务水平，打造能满足不同层次消费群体偏好的供需链条，实现专业市场和供给端产业的同步升级。对于东部地区而言，要着眼于专业市场运营模式的再创新、经营效率的再优化以及全产业链联动能力的再提升，从专业市场的虚拟集聚入手，通过制度和管理革新引导专业市场从商品流通中心向研发设计中心、品牌运营中心和标准制定中心转变，从传统的批发零售业态向市场型城市综合体升级；通过新技术、新产品、新品牌的持续开发，提高产品的附加值和技术含量，促进产业集群向全球价值链高端延伸；通过专业市场与产业集群高效协作推动区域经济转型和高质量发展。中部地区则要基于专业市场的实体集聚与虚拟

---

　　① 资料来源：《中国商品交易市场统计年鉴 2018》。

集聚的融合，培育和建设一批规模化、综合化、现代化的专业市场，扩大专业市场发展规模；整合现有专业市场并对其进行信息化、电商化和智能化改造升级，提高其交易效率，并积极承接东部地区的产业转移。西部地区应当基于自身条件从实体集聚入手，构建区域品牌体系，推动专业市场与产业高层次协作（王必达和赵城，2019）。

4. 会议、展览及相关服务

会议、展览及相关服务指以会议、展览为主，也可附带其他相关的活动形式，包括项目策划组织、场馆租赁、保障服务等。会务服务依附于其他产业而得以发展，在专业化分工日益加强的环境下，成为服务外包行业中的重要内容。会务服务包括会议服务和会展服务，会务服务依附会议或会展的召开、举办而存在，服务标准随着会议或会展规格的升高而攀升，随着会议或会展规格的降低而就简。会务服务是服务行业中涉及知识最广、专业技能最多的一门复合型工作，包括会务接送站服务、会场预订及布置、会议材料设计印制、会后旅游、会务机票或火车票现场预订服务等。会务服务相关工作者不仅要懂得会务策划与设计，还要了解公共关系、服务心理、接待礼仪、服务技巧、设备使用等多方面技能，以便跟随会议主题与领域，及时调整会务服务的内容与方法。从市场整体发展来看，国际会议随着世界经济的复苏，全世界每年的会议收入将达到2200亿美元，且每年以8%~10%的速度增长。据智研咨询报告，2015年以来全球商务会议旅游人数占旅游者总数的1/3。2015年，中国超过美国成为世界上最大的商务会议旅游市场。

会展服务是指为展览、会议的开展提供一系列专业和配套的服务，其中专业服务包括会展现场租赁、展位搭建、展品运输等，配套服务则包括与会展行业相关的交通、餐饮、住宿等服务。会展业除了能为当地带来搭建费、场租费等直接收入以外，还能带动商贸、住宿、餐饮、交通、娱乐、旅游、通信、印刷、广告、地产等相关配套行业发展，拉动或间接带动数十个行业的发展，对推动城市经济发展具有重大影响。目前，会展服务也已开展O2O线上线下互通的交易模式（史霞霞，2018），将线上的推广销售与线下的商务机会有机结合，从而有利于会展信息资源的有效共享，降低用户的经济和时间成本，并且为会展活动的开展提供活动策划、设计、会场布置方案、食宿交通等衍生服务。同时，该种模式还可以改变传统的会场预定模式，为会展企业提供大量的场地方案和场地选择信息，而不必进入会展举办地对场地的服务设施、周边服务配套设施及可容纳的参展人数进行考察。并且，通过人力资源调配和服务管理等工作，为会展提供立体化服务。

　　总体来说，中国展览业的发展呈现出以下特征：①各级政府高度重视，政策发展环境持续优化。在国家层面，国务院颁发了《关于加快发展服务贸易的若干意见》（国发〔2015〕8号），商务部会同有关部门印发《服务贸易发展"十三五"规划》，更具针对性的是国务院颁布的《关于进一步促进展览业改革发展的若干意见》（国发〔2015〕15号），通过改革管理体制，推动改革创新，优化市场环境和强化政策引导，推动我国从会展业大国向会展业强国迈进。各级地方政府也相继跟进出台了扶持、鼓励和规范会展业发展的相关办法和意见。②国内展览总量稳步提升，办展规模不断扩大。据不完全统计，2017年，国内共举办4022个展览会。各区域举办展览会分布不均，华东地区展览会数量和面积均处于领先位置，上海、广州、北京在办展数量和办展面积上均位居前三。同时，中国展览业的规模化态势明显，其中，5万平方米以上中大型规模展览会占比近半。③出国展览整体增长放缓，"一带一路"备受国家关注。近年来，中国出国举办展（博）览会数量不断增多，展览面积稳步增长，参展企业数逐渐提升。同时，中国赴"一带一路"沿线国家参展稳步提升。全国赴"一带一路"沿线国家组织参展的项目总数已经超过参展总数的40%，展出面积占参展总面积的比例也接近50%。④展览专业化水平大幅提升，品牌展建设扎实推进。会展在展览题材、组织运营、观众等方面的专业化程度都日益提高，行业也不断集中，其中，机械类、纺织服装皮革制品类、交通运输物流类等专业性展会数量约占全部展会数量的80%。而且，展览业市场越发注重品牌发展、模式创新，市场结构不断优化，经济和社会效益持续向好。

　　此外，中国展览市场的场馆建设保持持续增势，整体租馆率也在提升。而且伴随着区域经济一体化的发展，中国展览业将逐渐形成以京津冀、长三角、珠三角三大经济圈为主，二三线内陆城市共同发展的展会格局。同时，随着我国城市化进程的加快，会展业的发展将突破沿海外贸型城市和中心型城市选址的传统，逐渐开启二三线内陆城市投资发展的新局面，展览业将加速和城市发展融合。

青浦区拥有优良的服务业发展资源与环境，并具有发展相关商务服务业的机遇和空间，由此将派生出对会务服务快速增长的需求。淀山湖地区应致力于将重点发展的现代服务业领域内的资源进行整合，从供应链角度对产业链条进行延伸，推动各行业中的企业围绕供应链进行合作。同时，不断挖掘各类型企业对会务系统的需求，以"数字化、模块化、集成化"为特征，打造具有独特竞争力的青浦淀山湖会务云服务支撑平台。由此，不断提高会务服务的专业化水平、市场化水平和国际竞争力，形成并增强淀山湖作为区域性品牌的影响力，并以品牌化、国际化理念，着力扶持品牌会务发展，突出品牌提升重点，做大做强现有特色会展品牌，提高其国际化程度。

5. 办公和翻译服务

办公和翻译服务指为商务、公务提供的各种办公服务和翻译服务。随着物联网的发展，办公服务逐渐向智慧化方向发展，即采用智能感知、云计算、物联网、移动互联、大数据挖掘、专家系统等技术，通过信息流、资金流、物流、业务工作流的高度集成与融合，实现办公业务、经营管理、决策和服务的智能化。在智慧办公服务领域，一般涉及三个方面的内容：一是办公健康服务，主要包括：①生理指标检测服务，即通过桌面、座椅中的传感器监测用户的基本生理信息；②办公时长监测分析服务，即通过监测员工在岗时长、坐立时长等分析其健康状态或部门间的工作差异；③用户疲劳管理服务，即通过电极监测用户小臂、背部、肩颈部肌肉以及眼睛等的疲劳度，以便提醒用户调整锻炼或提供健康咨询服务；④心理健康建设服务，即通过问卷、访谈等方式收集员工心理健康数据，掌握员工工作状态并做适当调节。二是办公空间服务，主要包括：①个性化环境控制服务，即员工通过主动交互实现对物理环境的控制；②自动化环境调节服务，即对办公物理环境、员工工作状态进行实时监测，以保证办公人员处于适宜的办公环境；③个性化空间选择服务，即员工根据自身需求自主预约选择不同的空间类型进行办公。三是办公效率服务，主要包括：①门禁考勤一体化服务；②访客预约及接待服务；③快速、安全、远程打印服务；④职能投屏服务；⑤会议资料整理服务。从产业链的角度来看，职能办公服务产业链的上游主要是芯片、传感器等元器件，以及通信模块、职能控制器等中间件供应商；中游是职能办公家具供应商、全程办公服务解决方案提供商；下游是线上和线下服务渠道（张叙俊和朱志华，2019）。

翻译服务产业又称语言服务产业，是指提供跨语言、跨文化信息转换服务和产品，以及相关技术研发、工具应用、知识管理、教育培训等专业化服务的现代服务业。翻译服务产业的业务范围，既包括传统的口译、笔译、字幕、配音服务，也包括与信息技术结合发展的软件本地化和网站本地化产业、语言技术和工具研发、语言资产管理、依托多语优势发展起来的全球化与本地化咨询服务及相关教育、培训、研究等（李娜和万克夫，2019）。在"一带一路"倡议和"走出去"战略等的带动下，中国翻译服务产业快速发展，翻译服务企业数量增长迅速，2015 年已达到 7.2 万家。同时，业务量和营业额较大，仅语言服务企业的翻译和本地化业务年产值就超过 120 亿元，约占全球外包语言服务市场产值的 7%，这并不包括语言培训、语言技术开发、咨询服务等周边业务。总体来看，中国翻译服务产业在产业结构、产业组织、产业技术等方面仍有调整和改进的空间。从产业结构来看，翻译服务产业存在一定的布局失衡现象，翻译服务企业主营业务集中在翻译服务、语言服务咨询、语言服务人才培训等传统业务领域，在本地化服务、翻译工具及软件开发等现代业务领域方面明显不足；从产业组织来看，翻译服务产业存在着个人独资企业、合伙企业、公司、三资企业等多种企业组织形式，但规模普遍较小；从产业技术来看，技术的不断创新将推动机器翻译、云翻译、敏捷本地化、语音识别与语音合成技术的进步，加快语言服务模式的变革。

6. 信用服务

信用服务指专门从事信用信息采集、整理和加工，并提供相关信用产品和信用服务的活动，包括信用评级、商账管理等活动。健全的现代信用服务体系一般包括五大类服务机构及其产品和服务（吴晶妹，2019）。一是外部约束类信用服务，即从信用主体的外部为社会与市场及监管者了解信用主体而提供信用产品的服务活动，其主要业态包括征信、信用评级与评价、信用查询、信用评分、资信调查等；二是内生助力类信用服务，即直接为信用主体提供信用咨询与解决方案的服务活动，其主要业态包括咨询服务、解决方案定制、信用承诺辅导、信用信息管理与报送、信用修复顾问管理、信用救助辅导、信用与教育培训等；三是信用基础设施类服务，即市场主体为满足市场需求、社会信用体系建设需要或政府信用监管需求等而提供的基本设施建设与软硬件产品和服务的信用服务活动；四是信用风险管理类服务，即由市场上的专业机构提供的帮助市场需求者降低信用交易风险的服务活动。这里所指的市场需求者主要是授信企业和电商平台；五是信用监管类服务，即为更好地对市场各类机构的信用活动进行规范监督与管理，由信用监管机构依据相关法律法规而提供的服务。

自 2018 年以来，中国信用服务行业的发展面临着国内外环境的重大变化。从国际环境看，主要体现为美国单方面向以中国为代表的诸多国家或地区发起了贸易战，美联储退出量化宽松货币政策后的逐步加息。从国内环境看，主要体现为金融监管的趋严和货币政策稳健中性，向结构性调整的变化。从技术环境看，主要体现为区块链和人工智能的发展。在国内外环境变化的背景下，中国债券市场出现了新一轮的违约高潮，2018 年债券市场共新增违约发行人 43 家，远高于 2014～2017 年的 5 家、20 家、23 家和 9 家；违约发行人首次违约时待偿付债券余额超过 1400 亿元，高于 2014～2017 年的总和。同时，结构化与非标产品的违约事件也呈现大幅上升趋势。这些违约事件并未呈现出明显的区域集中特征，但突发性较强，单家违约发行人存续债券规模大，对市场造成较大冲击，而且集中于民营企业，其中上市公司占比较高（郭继丰和周美玲，2019）。总体来看，政府部门为了促进经济的稳定增长和高质量发展，推出了一系列的结构性政策新举措，为中国信用服务行业的发展提供了新的机遇。

第三节　业态功能与特征分析

根据第四次全国经济普查公报（第四号）的统计数据，2018 年末，全国商务服务业共有法人单位 228.2 万个，从业人员 2096.5 万人，资产总计 109.3 万亿元，比 2013 年末增长 105.4%。租赁与商务服务业共同统计的数据表明，2018 年末两类业态的法人单位数量比 2013 年末的增长 207.5%，从业人员则增长 84%。[①] 就上述各种商务服务的具体业态来看，租赁和商务服务业业态更加丰富，是促进产业转型升级的重要力量。大力发展战略规划、营销策划、市场调查、管理咨询等可以提升产业发展素质的咨询服务业；积极发展资产评估、会计、审计、税务、勘察设计、工程咨询、检验检测认证、工程咨询等专业咨询服务；高度重视培育品牌和商誉，推动商务咨询服务业的国际化发展水平，逐渐形成专业化、规模化、网络化的商务服务业集群。这些都是促进产业转型升级和实现中国高质量发展阶段转换的重要力量[②]。总体来看，其功能与特征主要有以下表现：

一、吸纳就业的功能强大

我国商务服务业吸纳就业处于高增长状态，吸纳就业从 2004 年的 479.85 万人迅速增加到了 2007 年的 772.2 万人，平均每年净增就业人数近百万人，其中 2005 年增长率高达 26.0%，2006 年达 15.6%，2007 年达 10.5%，远远高于同期的第三产业和全国的就业增长率，2007 年商务服务业的就业增长率是第三产业就业增长率的 8.75 倍，是全国就业增长率的 13.13 倍。2013 年以来，一直在这种增长趋势中。我国商务服务业近几年显示出了强大的吸纳就业功能，其吸纳的就业人数占第三产业的比重从 2004 年的 2.1% 上升到了 2007 年的 3.1%，占全国的比重也从 2004 年的 0.6% 上升到了 2013 年的 1%。目前，我国经济正处于快速成长阶段，随着我国经济规模的进一步发展和经济结构的进一步优化，商务服务业将获得更大的发展空间，其吸纳就业的功能将更加强大。

2018 年，中国租赁和商务服务业城镇非私营单位就业人员数量为 529.5 万人，相比 2017 年增长了 6.96 万人（见图 2－3）；中国租赁和商务服务业城镇非

---

① 资料来源：国家统计局第四次全国经济普查公报（第四号）、第三次全国经济普查主要数据公报（第三号）。

② 夏杰长，肖宇. 生产性服务业：发展态势、存在的问题及高质量发展政策思路［J］. 北京工商大学学报（社会科学版），2019（7）：21－34.

私营单位就业人员工资总额为 4453.3 亿元，相比 2017 年增长了 277.27 亿元（见图 2 - 4）。①

图 2 - 3　2010～2018 年中国租赁和商务服务业城镇非私营单位就业人员数量

图 2 - 4　2010～2018 年中国租赁和商务服务业城镇非私营单位就业人员工资总额

2018 年，中国租赁和商务服务业城镇非私营单位就业人员平均工资为 85147 元，城镇私营单位就业人员平均工资为 53382 元，城镇非私营与私营单位就业人员平均工资差额为 31765 元（见图 2-5）。从图 2-6 可以看到，这两类性质的单位，其人员平均工资水平的差距一直在拉大，这在一定程度上表明了虽然商务服务业在吸纳就业方面可以发挥较强的作用，但非私营单位显然会更加具有吸引力。

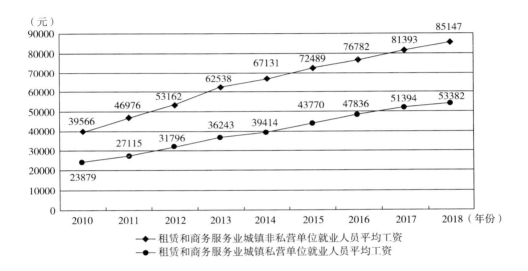

图 2-5　2010~2018 年中国租赁和商务服务业城镇单位就业人员平均工资

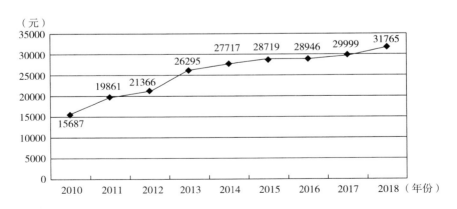

图 2-6　2010~2018 年中国租赁和商务服务业城镇单位就业人员平均工资差额

以北京市为例，2013~2017年，北京市租赁和商务服务业的从业人员数量增速不断提高，即便是在2016年第三产业与全市从业人员数量增速放缓的情况下，租赁和商务服务业的从业人员数量仍然显著增长，并于2017年达到了14.87%，比全市增幅高出12.33个百分点，高出第三产业10.33个百分点（见图2-7），可见在吸纳就业方面，商务服务业为北京市做出了较大贡献。

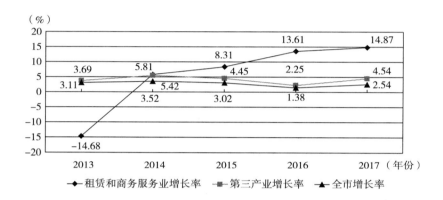

图2-7　2013~2017年北京市商务服务业吸收就业能力分析

二、空间集聚一致性较高

由于商务服务业知识密集程度相对较高，具有高人力资本、高技术、高附加值等特点，因此，其空间外溢效应更为明显，并在提高生产率和促进就业等方面显示出比其他产业更大的优势（Kox & Rubalcaba，2007）。根据英国（Bennett et al.，1999）、加拿大（Shearmur et al.，2008）、欧盟（Valentina et al.，2014）等发达国家城市发展的经验，商务服务业在城市空间上呈现出高度集聚特征。经历了快速发展后，中国的商务服务业也表现出类似的集聚形态，并突出地在城市核心区和功能拓展区呈现出集聚效应（赵弘和牛艳华，2010），例如，商务中心区即CBD一直是商务服务业集聚的首选地（Coffey et al.，1996），这种集聚特征仍然是基于商务服务业对于知识进而对于高技能人力资本的依赖性。以北京为例，陈红霞（2018）对北京市的生产性服务业空间布局与集聚特征进行了研究，并以北京市第二次和第三次经济普查数据为基础对其演变规律进行分析。其中，商务服务业的集聚点在两次经济普查间发生了较大变化，主要呈现向 CBD 集中的趋向。相比于整个生产性服务行业，商务服务业的空间集聚关联度提高，并且其上升幅度要高于研发设计、信息服务等其他类别。

不过，从中国商务服务业的发展情况来看，由于多数地区比较重视制造业的发展，对商务服务业产生了一定程度的排挤，使得商务服务业与其他服务业态没有形成更加紧密的良性互动。同时，制度因素和社会发展水平有利于本地商务服务业的空间集聚，从而表明当地政府应当积极为商务服务业的集聚式发展创造良好的政策空间和制度环境（刘叶，2017）。

三、影响国民经济各部门显著

通过以投入产出技术对商务服务业在国民经济各部门中作用的测算，商务服务业对其他部门的支撑与推动作用明显，并有逐步提升的趋势（王璐和李安渝，2016）。根据 2012 年的投入产出表，全国总产出为 160.16 万亿元，中间使用为 106.48 万亿元，最终使用为 65.68 万亿元。其中，商务服务业的总产出为 3.27 万亿元，占总产出的 2%，在参与统计的 139 个部门中排名第 10 位。从直接消耗系数①来看，商务服务业对自身的直接消耗系数为 5.75%，居第 1 位；第 2 至第 10 位分别是精炼石油和核燃料加工品（5.63%），货币金融和其他金融服务（5.31%），电线、电缆、光缆及电工器材制造业（4.86%），批发和零售（4.50%），汽车零部件及配件（4.48%），计算机服务业（4.25%），造纸和纸制品（3.98%），印刷品和记录媒介复制品（3.73%）和金属制品（2.83%）。可见，商务服务业对于传统制造行业具有持续的依赖性，但随着信息技术的快速发展、互联网经济的不断壮大，商务服务业对于计算机服务业等新兴产业的投入开始增多。从完全消耗系数②所反映的部门影响力系数来看，商务服务业对其他

---

① 直接消耗系数：通过计算某一具体部门在生产经营过程中得到的单位总产出所消耗的其他部门的产品或服务的数量，体现两个生产部门之间的依存关系。

② 完全消耗系数：是指第 j 部门生产单位价值产品直接和间接消耗的第 i 部门产品的价值量总和。将某一部门的完全消耗系数总和（即部门影响力）与国民经济的平均值（及社会平均影响力）进行对比，获得部门的影响力系数。

部门的拉动作用显著，增加对商务服务业的投入，会引起对各个产业部门需求量的增加，从而推动整个国民经济的发展。

四、快速发展与区域不平衡兼具

作为生产性服务业和知识密集型行业的租赁与商务服务业，在现代服务业各行业的比重于 2015 年达到了 28.42%，仅低于公共管理、社会保障和社会组织类，具有一定规模，表明我国市场发达程度提高，社会专业化分工程度愈加深化。同时，从增速来看，2007 ~ 2015 年，中国租赁和商务服务业的年均增速达到 19.6%，是现代服务业中增长最快的类别（高秀娟和彭春燕，2017）。

东部的租赁和商务服务业企业数量超过其他地区和其他行业，属于在统计范围内数量最多的行业，同时也是参与国际产业竞争的主力军。在东部地区，各省市在现代服务业发展方面其各类具体的服务行业也具有一定的结构差异，但较为一致的是租赁与商务服务业都具有引领地位。中西部地区商务服务业比重相对较高，在公共管理之后，属于第二梯度行业，总体上看发展相对薄弱。其中，在中部地区，租赁和商务服务业发展的基础设施较完善，区位条件比较优越，并且在安徽、河南、湖北等地发展得更为充分。在西部地区，租赁和商务服务业的数量较少，应进一步扩大基础设施建设的投入，推进城市化进程，相比而言，四川、重庆、陕西等省市的发展程度更高。

即便在东部地区，商务服务业的发展也具有地区差异。从行业人才情况来看，以北京、上海、广东、浙江、江苏、山东六省市为例，批发零售业、交通运输仓储邮政业、住宿餐饮业、信息传输软件技术服务业、金融业、房地产业、租赁和商务服务业是第三产业法人单位数、就业总人口以及用人最多的七个行业。在这七个行业中，只有租赁和商务服务业在区域间的差距较大，具体表现为山东在该行业远落后于其他省市，人才储备不足（王鑫等，2019）。

五、产业融合能力较强

商务服务业依托第二产业的发展而不断成长，并在自身服务业态内形成内生性需求。在发展高端商务服务业的过程中，可以将许多具体产业业态与先进技术、知识经济等紧密结合，不断催生延伸产业链。商务服务业的集聚发展和层次提高，产生派生需求；商务服务品牌的形成与提升，也将吸引高质量商务企业不断集聚。由此，形成商务服务业良性发展的格局。

从内涵与内在特征来看，商务服务业与文化创意产业相融合的内在动力较强。商务服务业作为生产性服务业的主要分支，也具有知识密集性、高增长性、高辐射性。同时，文化创意产业是具有创造力和文化底蕴的新兴服务业，并具有高附加值、可持续性、高渗透性的特征。商务服务业与文化创意产业的知识密集性、高渗透性和富含创造力的特征是促进两类产业相互融合的源泉，并可以从四个方面展开融合：一是技术融合，两类产业在信息处理、设计与咨询等方面具有一定的相通性，文创产生的创意灵感和商务服务业的服务创新都会使双方共同受益；二是人才融合，二者对于具有创造力的设计、咨询人才，以及具备专业服务意识和文化素养的人才具有共通性，人才既是创意灵感的来源，也是商务服务业的主力军；三是功能融合，文创产业的设计功能和创意资源在商务服务业中的应用，以及商务服务业的辅助服务功能和管理资源在文创产业中的应用，两者是相互渗透的；四是市场融合，两类产业的市场拓展具有互补性，文创的产生与成熟，为相关商务服务业提供了广阔的市场机会，同时，会展业的发展也具有很高的文化价值（刘妍，2016）。

第三章　淀山湖区商务服务业发展导向分析

　　从总体规划来看，上海市以《淀山湖地区中长期发展规划》明确了淀山湖区的发展前景，即到 2040 年，青浦区淀山湖地区（包括朱家角镇、练塘镇和金泽镇，由于地处青浦区西部，也被称为"青西三镇"）将基本建成以生态涵养为前提、旅游文化为特色、创新服务为方向的宜居、宜业、宜游的世界著名湖区。在这三镇的发展情况方面，朱家角镇曾被列入上海市"一城九镇"试点，练塘镇和金泽镇也曾入选"全国发展改革试点小城镇"，但它们在与周边地区的竞争中并不占优势，对当地经济社会发展的带动也不明显。例如，朱家角古镇知名度较高，但古镇区仅有 0.6 平方千米，旅游资源比较分散、产业形态比较单一，缺乏竞争力。只有青西三镇统筹推进联动发展，充分发挥全国历史文化名镇的品牌优势，将各种零散的资源串联整合，才能真正实现青西地区的发展。通过综合分析，世界著名湖区基本可以分为三类：一是生态涵养类湖区，通常位于大都市的远郊生态型地区，生态价值较高；二是旅游休闲类湖区，通常位于大都市的近郊区，以旅游产业为核心发展相关产业；三是创新服务类湖区，通常是国际组织、科研教育机构比较集中的地方，形成以总部经济、商务会议、创新研发等为主导的高端服务产业。淀山湖地区则应根据自身实际情况，综合考虑三类湖区的特点，深挖三镇湖泊河道资源和传统文化资源，建设具有水乡文化特色的人文湖区，赋予湖区更加丰富的内涵，即将湖区建设成为具有全球影响的生态创新区，集聚具有国际影响力的高端创新服务业；具有水乡韵味的国际度假区，彰显江南水乡特色，发展具有国际影响力的旅游度假、康体疗养、水上运动等功能；具有人文魅力的品位生活区，发展与大旅游、大文化、大健康相匹配的居住生活环境。为此，淀山湖地区在政策方面不断深入、具体地出台相关支持性文件，同时，也形成了较为有利的市场发展环境，对于湖区的商务服务业发挥了重要的导向性作用。

第一节 政策导向分析

加速发展商务服务业是基于中国服务业产业结构升级的迫切需要，也是实现生产性服务业和制造业互动发展、进一步提升整体竞争力的需要，是中国北京、上海等相对较发达城市解决中低端制造业转移出去后"产业空心化"的现实选择。同时，发展商务服务业能迅速扩大就业空间，成为吸纳大量就业的一个重要渠道。因此，提升商务服务业在中国产业发展中的地位，把商务服务业作为重点鼓励类行业加以发展是商务市场的发展趋势。2014 年以来，国务院和相关部门出台了促进商务服务业发展的若干文件，例如《国务院关于加快发展生产性服务业促进产业结构调整升级的指导意见》（国发〔2014〕26 号），其中，在商务咨询方面，明确要"提升商务咨询服务专业化、规模化、网络化水平。引导商务咨询企业以促进产业转型升级为重点，大力发展战略规划、营销策划、市场调查、管理咨询等提升产业发展素质的咨询服务，积极发展资产评估、会计、审计、税务、勘察设计、工程咨询等专业咨询服务。发展信息技术咨询服务，开展咨询设计、集成实施、运行维护、测试评估、应用系统解决方案和信息安全服务。加强知识产权咨询服务，发展检索、分析、数据加工等基础服务，培育知识产权转化、投融资等市场化服务。重视培育品牌和商誉，发展无形资产、信用等评估服务。抓紧研究制定咨询服务业发展指导意见。依法健全商务咨询服务的职业评价制度和信用管理体系，加强执业培训和行业自律。开展多种形式的国际合作，推动商务咨询服务国际化发展"。此外，《农业部 发展改革委 财政部关于加快发展农业生产性服务业的指导意见》（农经发〔2017〕6号）指出，积极拓展的服务领域包括农业市场信息服务、农产品营销服务等；国家统计局印发了《生产性服务业统计分类（2019）》（国统字〔2019〕43号），在延续2015版分类原则、方法和框架的基础上，根据新旧国民经济行业的对应关系进行了修订。淀山湖地区所在的上海市青浦区和江苏省昆山市在商务服务业方面也都制定了促进行业发展的相关政策，为商务服务业在湖区的发展提供了有力的导向性支持。

一、明确扶持奖励政策

为了加快推进现代服务业发展，快速调整和优化人口结构，并带动青浦区全面提升人口素质，形成青浦区整体产业结构升级转型的基础，青浦区政府专门制定政策，对现代服务业进行扶持奖励，明确了奖励的类别与额度，并以湖区公司、朱家角镇、练塘镇、金泽镇为主体整合湖区资源，形成联动发展的有利态势，盘活商务服务业现有发展存量，进一步推动湖区制造业的层次提升。其中，对商务服务业进行了详细的规定。①

1. 现代商贸业

针对商业特色街区、示范社区商业的运营主体、大型商业综合体、大型居住社区街坊商业、服务外包产业等进行支持与奖励，具体如表3-1所示。

表3-1 青浦区发展现代商贸业相关奖励政策

序号	奖励类别	奖励额度	备注
1	商业特色街区、示范社区商业的运营主体	国家级：30万元 市级：20万元 区级：10万元	一次性奖励
2	新引进的大型商业综合体	运营奖励：300万元	条件：①商业面积5万平方米以上，且运营一年内店铺开业率达70%以上；②分三年按40%、30%、30%比例发放

---

① 《青浦区人民政府办公室转发区经委关于青浦区加快发展现代服务业实施细则的通知》，执行期限为2016年1月1日至2020年12月31日。

续表

序号	奖励类别	奖励额度	备注
3	大型居住社区街坊商业、银行网点和大中型商业集团先进零售业态、中华老字号等品牌企业、小型商业服务网点	给予入驻企业"三年租金减半"补贴	促进居民就近就业，鼓励居民自主创业，在居住区周边开设加盟连锁等
4	服务外包产业	每年最高不超过 30 万元	统计数据在青浦区的承接离岸服务外包企业，服务外包执行金额超过 100 万美元的
5	企业组织新录用员工培训	每年最高不超过 10 万元	按照当年实际发生的培训情况
6	品牌连锁化经营	一次性奖励 30 万元	总部注册在本区的连锁经营品牌企业发展连锁门店达到 30 家且验收合格；以后每增加 20 家，奖励 10 万元
7	连锁经营的龙头企业的配送中心	一次性奖励 20 万元	在区内每新建一家配送中心，且年配送额达到 5 亿元以上
8	功能定位规划编制、方案策划、专项研究等	按实际发生经费的 50% 予以补贴，单个项目补贴金额最高不超过 50 万元	区政府确定的现代服务业重点区域、重点项目

2. 文化创意业

积极支持文化（创意）产业园区、文化创意企业、重大文化创意活动等，具体奖励情况如表 3 - 2 所示。

表 3 - 2　青浦区发展文化创意业相关奖励政策

序号	奖励类别	奖励额度	备注
1	文化（创意）产业园区能级提升	认定为国家级：80 万元 认定为市级：60 万元	本实施细则出台前被评为国家级、市级（示范）园区但未获得区级扶持的参照执行

序号	奖励类别	奖励额度	备注
2	区级文化（创意）产业园区创建	给予园区经营管理主体一次性40万元的奖励	认定为区级文化（创意）产业园区的
3	文化创意企业	一次性20万元	经认定为文化创意企业的
4	符合条件的文化创意企业	参照政策性担保补贴办法执行	通过担保机构获得贷款，并按时还贷的
5	符合条件的文化创意企业	一次性按照年贷款利息的100%给予一年期补贴，最高不超过30万元	为推进文化创意项目向银行借贷资金的
6	创意产业项目及原创作品	国际级：40万元 国家级：20万元 省部级：10万元	一次性奖励；获得多级奖励的从高但不重复奖励
7	重大文化创意活动	根据投资额的50%给予运营主体一次性最高不超过100万元的资助	市级及以上的重大文化创意活动落户青浦区

根据《青浦区加快发展现代服务业实施细则》（青府办发〔2016〕79号），2019年青浦区产业推进办对区三项获得国际奖项的文创项目分别给予奖励资金40万元，共计120万元，其中80万元在2019年区现代服务业文化创意专项资金中列支，40万元在2019年"张江专项"中列支（见表3-3）。

表3-3 青浦区三项文创项目获得国际奖项情况汇总表

序号	所在地区	企业名称	项目名称	扶持资金（万元）	项目性质
1	青浦工业园区	上海中华印刷博物馆	获得Benny Award——其他杂项类铜奖	40	区级
2	注册型企业	上海艾登印刷有限公司	获得Benny Award——包装类银奖	40	区级
3	青浦工业园区	上海安全印务有限公司	获得美国印制大奖Premier Print Awards优异奖	40	区级

3. 休闲旅游业

针对旅游度假区、景区、旅游品牌、旅游饭店、旅行社、旅游公共服务设施、旅游线路（产品）、旅游类企业等，提供相应的资金支持，具体如表 3 - 4 所示。

表 3 - 4　青浦区发展休闲旅游业相关奖励政策

序号	奖励类别	奖励额度（万元）	备注
1	新评定的国家级旅游度假区	300	审核挂牌后一次性奖励
2	新评定的国家生态旅游示范区	100	审核挂牌后一次性奖励
3	新评定为国家 AAAAA 级/AAAA 级景区（点）	200/100	审核挂牌后一次性奖励；已评定的国家 AAAAA 级/AAAA 级景区（点）通过复审保留相应等级，且之前未享受过上述奖励的
4	新评定为国家级旅游品牌的	50/30/20	审核挂牌后按等级高低给予一次性奖励
5	新评定为市级旅游品牌的	10/8/5	审核挂牌后按等级高低给予一次性奖励
6	新评定为国家五星级/四星级旅游饭店	200/100	审核挂牌后给予一次性奖励；已评定为国家五星级和四星级旅游饭店通过复审保留相应等级，且之前未享受过上述奖励的
7	新评定的全国百强旅行社	10	经审核后给予一次性奖励
8	新评定为上海市 AAAAA 级、AAAA 级旅行社	20/10	一次性奖励；已评定为市 AAAAA 和 AAAA 级旅行社通过评定性复审保留相应等级，且之前未享受过上述奖励的
9	旅游公共服务设施以及新兴旅游业态、旅游融合项目中涉及的旅游配套设施建设	给予运营企业项目总投入的 20% 补贴，金额最高不超过 200 万元	房车旅游、水上旅游、会展旅游、低空旅游；旅游演艺、体育旅游、文化旅游、旅游综合体
10	新引进的全球酒店集团 10 强、中国饭店业集团 5 强等著名集团	50/30	管理期限在 5 年以上，并开业在 3 年以上
11	开发和销售青浦旅游线路（产品）并取得较好市场效果的前 10 家旅行社	10/8/5	按照接待人数、营业收入和逗留时间等指标进行综合评分
12	旅游商品（纪念品）设计评比获得特等奖、一等奖	全国：10/5 市：3/1	①全国/市旅游行政主管部门或旅游协会主办；②具有青浦本地特色的旅游商品（纪念品）的旅游相关企业

续表

序号	奖励类别	奖励额度（万元）	备注
13	开发的产品经市级以上旅游部门或旅游协会评选为上海市名特优土特产品的旅游相关企业	市级评选：5 区级评选：2	获区级奖励后又获市级称号的，给予该企业 3 万元的差额奖励
14	组织举办或参与市级重大旅游节庆活动的旅游类企业	给予总投入的 30% 补贴，金额最高不超过 20 万元	连续 3 年以上

根据《青浦区加快发展现代服务业实施细则》（青府办发〔2016〕79 号），2019 年青浦区产业推进办对 2019 年现代服务业（休闲旅游）两批申报的 11 个项目给予资助，共计金额 280.81 万元（见表 3－5）。其中，第 1 个项目属第一批。

表 3－5　青浦区三项文创项目获得国际奖项情况汇总表

序号	所在地区	企业名称	项目名称	扶持资金（万元）	项目性质
1	区文化和旅游局	云集将来传媒（上海）有限公司	纪录片《上海之源》	200	区级
2	新城公司	上海大观园旅游发展有限公司	景区旅游配套设施建设	10.99	区级
3	金泽镇	上海美帆游艇俱乐部有限公司	旅游公共服务设施建设	5.82	区级
4	金泽镇	上海美帆游艇俱乐部有限公司	上海市五星体育旅游休闲基地	10	区级
5	盈浦街道	上海景泰国际旅行社有限公司	积极招徕、接待外区，外省市、外籍游客来青旅游	10	区级
6	盈浦街道	上海青倾国际旅行社有限公司	积极招徕、接待外区，外省市、外籍游客来青旅游	10	区级
7	夏阳街道	上海玺然国际旅行社有限公司	积极招徕、接待外区，外省市、外籍游客来青旅游	8	区级

续表

序号	所在地区	企业名称	项目名称	扶持资金（万元）	项目性质
8	夏阳街道	上海联航国际旅行社有限公司	积极招徕、接待外区，外省市、外籍游客来青旅游	8	区级
9	朱家角镇	上海昱辰国际旅行社有限公司	积极招徕、接待外区，外省市、外籍游客来青旅游	8	区级
10	朱家角镇	上海青扬国际旅行社有限公司	积极招徕、接待外区，外省市、外籍游客来青旅游	5	区级
11	朱家角镇	上海青浦国际旅行社有限公司	积极招徕、接待外区，外省市、外籍游客来青旅游	5	区级

4. 会展服务业

针对会展特色产业园区或基地、展馆运营方服务设施改造项目、会展业企业等，提供相应的资金支持，具体如表3-6所示。

表3-6　青浦区发展会展服务业相关奖励政策

序号	奖励类别	奖励额度（万元）	备注
1	会展特色产业园区或基地的园区运营方	一次性10/25/50	通过先进的管理模式，优良的服务不断壮大产业园规模，园区内落户会展业企业50/100/200家及以上
2	实际投资额在500万元以上的服务设施改造项目	按实际投资额10%补贴，最高不超过100万元	鼓励会展产业园区内展馆运营方改造提升设施以及利用新兴科技手段提升服务功能
3	新注册落户本区的会展业企业	前两年实际发生办公用房租金50%的补贴	每家企业原则上每年租金补贴不超过10万元
4	国内外知名品牌会展主承办方（年组办会展营业收入超过3000万元）落户	30	注册设立子公司或合资公司
5	从事会展业务营业收入占总收入比例不低于60%的会展业企业	20/30	从事会展业务的年营业收入首次超过1000万~2000万元

序号	奖励类别	奖励额度（万元）	备注
6	规模较大的展览	①规模大的展览，15/30/60；②继续做大做强的展会，不超过20；③专业性会展，不超过30；④国际性品牌展会，20；⑤上海市品牌展会，50；上海市优秀展会，30	展览举办天数应当在 3 天以上（含 3 天）；同一展览奖励原则上不超过 3 年，对有突出影响和发展潜力，且每年规模逐年扩大的项目，可适当延长奖励时间，最长不超过 5 年
7	规模大的会议	按照参会单日总人数及区外参会单日人数给予奖励，最高不超过 50 万元	会议*的举办天数应在 2 天以上（含 2 天）；对同一会议奖励原则上不超过 3 年，对有突出影响和发展潜力的，可适当延长奖励时间
8	会展宣传推介活动	按实际发生费用予以 50% 补贴，单个项目补贴最高不超过 100 万元	①用于青浦区会展业和会议、展览活动的宣传推介及光盘、刊物和其他会展宣传用品的设计制作及其他宣传经费；②用于区争（申）办全国性或国际性的各类规模大、社会效益好或能长期在我区举办的专业会议和展览的各种直接费用；③用于鼓励相关机构结合各类专业展会，开展符合区产业导向并主要面向区企业的主题推介、技术对接等活动费用；④对获 UFI（国际展览业协会）、国际会议协会（ICCA）等国际性组织认证的机构或项目，认证后 3 年的会员费；⑤省级及市级以上协会类机构落户，给予"三年租金减半"补贴；⑥用于促进区会展业发展的基础性工作，包括规划编制、调研、统计、评估等

　　*国内会议指由各类部门、行业组织、企业主办的论坛、研讨会、洽谈会、订货会、年会等会议活动；国际性会议指由各类部门、行业组织、企业主办的，有来自境外 5 个以上（含 5 个）国家（地区）参会人员的论坛、研讨会、洽谈会、订货会、年会等会议活动。

　　根据《青浦区关于积极打响制造品牌的实施办法》（青府发〔2019〕10 号）精神，青浦区经委对上海骏颉自动化设备有限公司等 126 家企业进行了展会补贴，共补贴开拓国内市场（展会补贴）扶持资金近560万元。①

二、定位主导产业方向

青浦区为了进一步完善区内产业用地项目的准入标准，加快企业总部集聚，促进资源高效率配置，推动产业高质量发展，对全区的产业用地②项目明确了实施办法。③ 该办法提出了产业用地项目准入的五个基本原则：一是质量、效益优先原则，即坚持创新发展，质量效益优先，优先引进"三大两高一特色"④ 主导产业领域项目和"四新经济"产业项目，注重亩产和效益，做到质量、效益协调发展；二是环保、安全保证原则，即节能降耗、生态环保、安全生产在项目准入上得到体现，注重项目能耗和环境，实现地区经济可持续发展和安全发展；三是节约、集约利用原则，即按照规划建设用地总规模"零增长"要求，引导产业园区和企业集约复合利用，提高开发强度，提高土地节约集约利用水平；四是就业、人口调控原则，即以企业合法用工为前提，鼓励企业提升人均产出绩效，符合本区人口调控和人才政策相关要求；五是集聚、集群发展原则，即引导工业项目向产业基地和产业社区集中，企业总部类项目按功能布局集聚，培育产业链，优化产业结构，提升产业能级，形成产业集群效应，打造区域产业特色。

在产业准入标准方面，按照"四个论英雄"⑤ 的标准，分区域、分类型制定准入标准，并根据经济发展情况定期更新、调整。青浦区明确项目的投资主体必须符合以下三个条件之一：①上市公司；②行业龙头企业、领军企业或者"隐性冠军"企业；③连续三年及以上入选区纳税百强重点企业名录的企业。产业定位

---

① 资料来源：《青浦区经委、区财政局关于下达2019年度开拓国内市场（展会补贴）扶持资金的通知》（青经发〔2019〕46号），2019年5月31日发布。

② 这里的产业用地是指青浦区行政区域范围内的工业用地、研发用地，企业总部型商办用地参照执行。

③ 资料来源：《青浦区经委　区商务委　区规划资源局印发〈青浦区产业用地项目准入实施办法（试行）〉的通知》（青经发〔2019〕40号），2019年5月9日。

④ "三大两高一特色"："三大"即大物流、大会展、大商贸；"两高"即高端信息技术、高端智能制造；"一特色"即加快发展文旅健康产业。

⑤ 即以亩产论英雄、以效益论英雄、以能耗论英雄、以环境论英雄，"四个论英雄"是上海市对提高经济密度和落实高质量发展进行的精要阐释。

必须属于国家和市战略性新兴产业、区"三大两高一特色"主导产业或总部经济。对于行业、业态或者功能特殊的产业，按"一事一议"的原则，由区政府专题会议讨论决定。从青浦区产业用地项目准入的实施办法可以看出，商务服务业的发展无论是从准入的基本原则，还是准入标准以及产业定位方面来看，都非常符合地方主导产业的发展趋势。

在服务业发展方面，2019 年青浦区明确提出要提升优势服务产业质量水平。① 例如，加速培育会展产业集群，与上海市会展行业协会协同推进青浦区会展产业高质量发展，引导国际品牌企业落户青浦或发展会展配套业务。推进"物流信息互通共享技术及应用国家工程实验室"建设；鼓励快递业龙头企业推进自动分拣系统，机器人、无人仓规模化应用。推进跨境通基地试点以及北斗导航产业与快递物流产业的跨界融合。推进北斗产业创新集聚发展，打造"北斗导航研发与转化功能型平台"，加快推动产业前沿技术和瓶颈技术突破。

三、推动旅游赛事活动

青浦区重视主办各类重要的赛事活动，并以此促进商务服务业的发展。例如，2019 年 12 月，青浦区政府主办了"环意 RIDE LIKE A PRO 长三角公开赛"，并专门成立公开赛组织委员会。又如，上海在国家体育总局、上海市体育局、中国帆船帆板运动协会的支持下，取得了"2020 年诺卡拉级亚洲帆船锦标赛暨东京奥运会资格赛"的办赛权，并落户淀山湖水域举办。预计包括中国、中国香港、新加坡等多个国家和地区的代表队，共计十余名帆船选手，加上各类工作人员，赛事总人数约 100 人（含水上、岸上各类赛事工作人员）。2020 年诺卡拉级亚洲帆船锦标赛暨东京奥运会资格赛是上海市青浦区举办奥运项目重要赛事的一次尝试，也是贯彻落实长三角一体化发展国家战略体育先行的有益探索，对青浦区打造世界著名湖区具有重要意义。② 龙舟公开赛是青浦区的传统赛事，自 2006

---

① 资料来源：《青浦区质量提升工作 2019 年行动计划》（青质安办〔2019〕3 号），2019 年 1 月 23 日发布。

② 资料来源：《青浦区体育局关于举办 2020 年诺卡拉级亚洲帆船锦标赛暨东京奥运会资格赛的报告》（青体〔2019〕36 号）。

年起每年端午节期间举办，并成就了青浦区"中国龙舟之乡"的品牌与美誉。2019 年的龙舟赛事由市农民体育健身系列龙舟赛、区龙舟公开赛和区皮划艇比赛三项赛事组成，规模约 600 人。为此，青浦区专门建立了赛事组委会，由区体育局、卫健委、公安青浦分局、区文旅局等单位共同组织。

此外，青浦区对 2019 年申报的现代服务业项目给予扶持，这些项目也集中表现在一些重要赛事方面（见表 3－7）。[①]

表 3－7　2019 年度青浦区现代服务业（体育）发展专项扶持资金项目汇总表

单位：万元

序号	所在地	项目名称	扶持资金
1	练塘镇	举办第五届上海国际交互绳大奖赛	32.89
2	金泽镇	举办 2019 年全国帆船青少年俱乐部联赛上海站比赛	10.65
3	盈浦街道	举办 2018 年上海市第二届新能源汽车定向赛	9.09
4	夏阳街道	公益开放	30.00
5	夏阳街道	公益开放	22.88
6	夏阳街道	公益开放	21.03
7	夏阳街道	公益开放	30.00
8	赵巷镇	公益开放	14.27
总金额			170.81

为了满足环湖马拉松赛、铁人三项赛等活动要求，并满足市民游客对岸线贯通、景观打造的迫切需求，青浦区对淀山湖尚未系统整治的岸线进行了全面的建设完善，释放沿湖专用岸线，高标准打造环湖滨水空间和景观，沿湖建设漫步道、跑道、自行车道、车行道和绿地景观配套。

此外，根据《淀山湖地区中长期发展规划》，该湖区大力推动体育休闲、郊野运动、航空运动、帆船及游艇等水上旅游、房车旅游等特色旅游项目，并建立完善的绿道慢行交通体系，成为上海市慢行交通绿色出行的示范区。

---

① 资料来源：《青浦区体育局　青浦区财政局关于下达青浦区 2019 年度现代服务业发展专项资金的通知》。

四、重视产业园区建设

由于商务服务业具有高度可分离性和聚集效应，在中国商务服务业发展过程中，各具体产业得以集聚发展，即在某一地理区域内高密度分布着大量相互关联的商务服务业及其支撑机构，通过知识外部性和公共基础设施的共用，降低交易费用，形成支撑产业发展的规模经济和范围经济效应，提高产出效率和竞争力。同时，区域间的互动合作、资源整合得以重视，各集聚区之间相互分工定位，错位发展，追求区域经济效益最大化，在整个经济区域内实现合作共赢的可持续发展。从2019年上海市开发区综合评比情况来看，开发区综合发展指数同比增长1.37%，园区品质稳步提升。其中，青浦区开发区的综合发展指数居于全市第6位，而上海青浦工业园区在评比中位列全市108家开发区前10。[①]

淀山湖地区具有一定的工业基础，青浦工业园区已有近2000亩的生产性服务业功能区，练塘镇、朱家角镇的工业园区可以为现代服务业发展提供发展空间。其中，朱家角镇已有很强的生产性服务业基础和工业龙头企业，但尚未形成产业集聚，需要引领和转型。并且，目前的迎祥文化创意园、水都南岸创意园区等文化创意产业空间也未能和当地旅游结合，园区的辐射功能还未能进一步显现。练塘镇的镇级工业园区的规模企业处于不同的行业、不同的产业链，企业间没有形成集聚效应，缺乏互为生态和互为发展的合作机制，园区内缺乏服务类型企业，园区企业的中间服务成本没有有效降低，缺乏溢出效益。金泽镇现有的文化创意园区在产业链定位上没有集中于服务辐射功能较强的产业类型，行业集聚度弱。可见，淀山湖区现有产业缺乏发展的凝聚力，企业间没有形成"互为生态"与"循环利用资源"的合作机制，致使"湖区"企业间的溢出资源少，效益低下。

当前，青浦区已经认识到加大产业园区建设的重要性，充分利用商务服务业

[①] 综合评价主要从四个维度对开发区进行综合考评，即产业发展、资源利用、创新发展和投资环境。产业发展主要从经济规模、发展速度和发展质量三个方面进行评价；资源利用主要从土地集约、节能减排和环境保护三个方面进行评价；创新发展主要从四新发展、科技创新两个方面进行评价；投资环境主要从产业发展环境和管理服务环境两方面进行评价。

较强的经济黏着力，借助商务服务业集聚发展的有效形态，将淀山湖地区现有散乱薄弱的产业逐渐黏合在一起，形成发展的主线与合力，从而推动淀山湖区的联动发展。同时，从商务服务业自身来看，不断改变现有服务设施陈旧、能级较低、土地闲置问题突出等现象，提升区域服务品质和影响力。2019 年 11 月，青浦区经委同意徐泾镇的"上海智能针织产业园"、青浦工业园区的"红隅科创园""2025 科创园"为本区创建类特色产业园区，并要求各园区按照《关于进一步促进产业集聚发展，推动青浦区特色产业园区建设的实施意见》（青府办发〔2015〕92 号）文件精神，坚持区域总体规划、土地利用规划、产业发展规划相结合，有序开展园区的建设工作；进一步明确产业定位，聚焦发展重点，形成鲜明的产业特色，有序推进产业发展；按要求建立管理、监测、统计、服务等工作机制，规范园区运营管理。[①] 根据该文件，青浦区在促进产业集聚发展方面设定了明确的目标，即进一步提升和规范特色园区的建设管理和服务水准，符合政府的产业导向，提高资源的综合利用率，增加对区域经济的贡献度，促使产业集聚实现综合优势和品牌优势。发挥镇（街道）和开发区的积极性，盘活利用闲置资产，鼓励各类产业园区、基地、功能区、集聚区、楼宇和众创空间等争创区级特色园区，形成一批空间布局合理、产业特色明晰、配套功能完善、具有综合竞争力的品牌产业集群。

五、加强外部主体合作

长三角周边地区加快发展，为淀山湖地区功能互补、联动发展创造了条件。随着《长江三角洲地区区域规划》深入落实，长三角区域一体化进程的不断加快，区域间合作日益紧密，联动发展的需求日益迫切。作为长三角地区重要的战略联结点，淀山湖地区通过与周边地区建立联动机制、加强资源整合，推进共同保护、协同发展，有望成为上海市推进长三角一体化进程的示范区。

2019 年，青浦区旅游局立足区位优势，全力推进区域旅游一体化发展相关

---

① 　资料来源：《青浦区经委关于同意"红隅科创园"等 3 个区级特色产业园区申请创建的复函》。

工作，签署了环湖四地①旅游一体发展备忘录、创办了《湖区旅游》专刊，开通了青浦至湖州龙之梦大型文旅项目的省际旅游专线，与昆山已初步达成两地共创淀山湖国家旅游度假区的共识，并会同湖区中心委托专业院所开展环淀山湖国家级旅游度假区创建的前期研究。而且，青浦区旅游局以长三角一体化为契机，建立青浦—昆山—吴江—嘉兴—湖州旅游发展联盟，以共建游客服务中心、探索区域旅游年卡互通、共同打造一体化旅游线路等项目为抓手，统筹推进区域旅游规划、旅游产品开发、旅游市场管理、旅游公共服务、旅游应急处置等专项工作。

2018 年 11 月 30 日，上海市青浦区、浙江省嘉善县、江苏省吴江区、江苏省昆山市四地共同签署《环淀山湖战略协同区文化一体化发展合作备忘录》，其合作内容主要包括六个方面：一是促进备忘录成员单位资源的开放共享，积极加强长三角各城市之间的交流与沟通，以公共文化服务建设为主体，开展考察交流，促进实地互访学习；开展重要项目合作，加强重要节庆活动的交流；加强图书馆、文化馆、博物馆、美术馆等文化场馆馆际交流和所在城市之间的互动，促进具有区域特色的文化资源、旅游资源的开放与共享；积极探索建立合作机制内文化发展合作平台。二是定期举办合作年会，围绕文化热点问题召开研究论坛，由各区域轮流举办，定期开展专题研讨活动，策划有标识度、有影响力的大型文化活动。三是充分发挥文化遗产资源优势，构筑长三角"江南文化"振兴高地。重点加强与环淀山湖区域古镇群的合作，联合申报江南水乡古镇列入世界文化遗产名录，共同保护江南水乡历史文化和自然风貌。推进联合建设非物质文化遗产保护体系，合作开展地方戏曲振兴、传统工艺传承等民间民俗文化，共同促进江南地方文化和其他优秀历史文化传承与创新。四是通过营造富有水乡特色的生活方式、生活环境与基础设施，打造长三角"江南文化"示范地标。集聚一批与江南水乡古镇特色相得益彰的文化创意企业，打造沪上文化金融集聚区，通过文化创意对江南文化资源的催化、转化，着力打造世界级江南文化示范区。五是整合发挥四地江南文化优势资源，打造长三角"江南文化"特色品牌。充分利用环淀山湖区域古文化、水文化资源，进一步加强研究、提炼、创新、运用，力争

---

① 环湖四地即上海市青浦区，江苏省昆山市、吴江区，浙江省嘉善市。

创作一批具有影响力和传播力的新品、精品、优品。通过联动，积极开展文化推广活动，深化四地文化品牌、项目、作品等的深度交流。六是根据备忘录内各地区自身的经济基础以及发展状况，通过实地调研考察，试点先行，逐步推进区域整体现代公共文化服务体系建设。

2018 年，青浦区与上海市贸促会签订全面战略合作协议，旨在围绕上海建设"五个中心"和卓越的全球城市，充分发挥双方在多领域、多层次的深入合作，推动资源共享和优势互补，有力助推青浦打造上海对外服务的门户城市及长三角一体化发展的综合性节点城市。上海市贸促会作为"民间经济大使"，围绕新时期国家外交、外经贸发展战略大局，积极开展对外经贸投资促进活动，在贸易投资促进、会展全产业链运营、商事法律服务等方面发挥了重要作用。尤其是在会展领域，市贸促会及其下属企业策展、办展的专业化、市场化水平较高，值得青浦学习和借鉴。市贸促会可以促进境外商务机构、企业和世界贸易中心协会的工作平台落户青浦，推动有关贸易投资交流活动在青浦开展，为青浦企业提供商事法律仲裁和争议解决等服务。同时，青浦区也可以成为发挥上海国际贸易中心、国际会展之都功能的重要载体。

六、完善相关配套政策

在公共租赁住房方面，青浦区为符合条件的新就业人员、引进人才及外来务工人员等提供保障性住房，并按照规定配套建设生活服务设施和商业服务设施。其中，供应倾斜单位包括政府重点扶持的智能制造、现代服务、信息技术、科技研发、创新创业等科创中心建设重点单位。[①]

在休闲旅游方面，青浦区发展全域旅游即重点发展乡村旅游，并成为青浦农村发展、农业转型、农民致富的重要渠道。在此背景下，民宿产业成为旅游和乡村振兴的重要结合点。青浦区稳步推动特色民宿产业发展，引入成熟的民宿管理平台，重点在淀山湖地区打造民宿品牌，鼓励发展一批具有国际范、轻生活、高品质、绿色环保、主题鲜明、小规模性的民宿，引导建设一批民宿集聚发展示范

---

① 资料来源：《青浦区公共租赁住房管理实施办法》（青府规发〔2019〕2 号），2019 年 5 月 7 日发布。

村，与美丽乡村、周边景区协同发展，突出地方特色、文化品位和个性化体验，逐步形成"村村有主题、家家有格调、人人有体验"的总体格局。其中，张马村、莲湖村为重点试点范围。张马村已获颁发青浦区第一张民宿备案登记证明，办理一照两证，并以"一个核心、一条走廊线、辐射一个片"的思路，整合提升村域内四园一岛休闲度假资源，集中打造农业景观廊道，兼顾沿线六大休闲村落发展、美丽乡村连片发展的农业旅游综合体。2018年，青浦区出台《青浦区关于促进民宿业发展的指导意见（试行）》，并编制完成《青浦区民宿备案登记和管理办法标准化体系》，形成精细化管理体系。

在推动企业自主创新、提高企业核心竞争力、规范知识产权托管服务方面，青浦区制定知识产权托管服务办法①，围绕代理、转让、登记、鉴定、评估、认证、咨询、检索、培训、诉讼等各项内容，鼓励知识产权代理中介机构为企业提供知识产权托管服务。同时，大力推进《青浦区关于发展众创空间推进大众创新创业的若干意见》《青浦区科技创新政策操作办法》等配套政策实施，为科技型中小微企业提供全方位、全链条的金融服务。②

第二节 市场导向分析

一、淀山湖服务业发展市场基础

租赁、企业管理服务、法律服务、咨询与调查、广告业、知识产权服务、职业中介服务、市场管理、旅行社、会议及展览等商务服务中的各行业，已经作为独立的行业得以发展，行业发展规划和公共信息平台建设受到重视，各级政府纷纷出台用电、用水、用地、金融和财政支持等多方面的优惠政策，并制定了相关

---

① 资料来源：《青浦区知识产权托管服务暂行办法》（青知局〔2019〕5号），2019年4月9日发布。
② 资料来源：《青浦区质量提升工作2019年行动计划》（青质安办〔2019〕3号），2019年1月23日发布。

的行业服务指标体系、规范和标准。同时，租赁、知识产权服务、会展等多个具体细分行业的立法进程正在加快推进，市场机制不断完善，商务服务业市场主体的发展得到培育。此外，通过引进外资、国际合作、走出去等多种方式，中国商务服务业的国际竞争力不断得以提高。青浦区在大虹桥背景下确立了"一城两翼"的宏伟蓝图，大虹桥是打造长三角城市群经济发展的重要枢纽，淀山湖地区的发展已经与大虹桥功能紧密对接。同时，站在上海城市功能转型的角度，湖区可主动融入产业转型升级，融入国家战略，形成重点发展的商务产业类型，以市场方式与大虹桥形成配套，与上海市中心形成联动并辐射长三角。以此为背景，湖区可以利用后发优势，通过发展大数据产业、中介咨询服务产业等，与国外著名企业建立网络联系，并进一步吸引国内外重点企业及其分支机构入驻湖区，提升湖区商务服务业的国际竞争力，从而不断提升湖区的经济结构水平。

从淀山湖所在的上海市青浦区服务业发展的情况看，该区域服务业总体保持较快发展态势。2018 年，第三产业增加值增长 11.9%，高于全区生产总值增幅5.5 个百分点，对全区的经济增长发挥了较好的支撑作用。2018 年，全区服务业投资完成 248.2 亿元，完成考核目标的 174.8%。其中，办公楼投资引领增长，完成 93.2 亿元、大幅增长 99.8%；商业用房投资完成 67.6 亿元、增长 25.4%；另外，交通运输、仓储和邮政业完成 84.5 亿元，批发、零售、住宿和餐饮业投资完成 2.9 亿元。

1. 商贸业

如图 3-1 所示，2018 年青浦区全年社会消费品零售总额为 581.0 亿元，比上年增长 3.0%。其中限额以上企业 225.2 亿元，增长 6.7%，拉动全区社零增长 2.5 个百分点。赵巷商业商务区保持稳步增长，实现销售 67.1 亿元，增长2.9%。其中，赵巷奥特莱斯品牌直销广场实现销售 40.0 亿元，增长 6.9%；吉盛伟邦实现销售 15.1 亿元，增长 2.5%。青浦新城商业商务区实现销售 23.3 亿元，比上年小幅下降 0.4%。总体来看，重点商圈表现较为疲软，未能有力拉动全区消费增长。

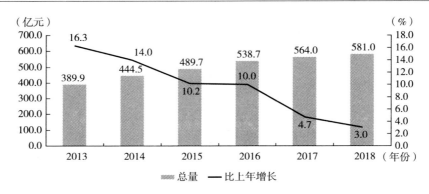

图 3 – 1   2013～2018 年青浦区社会消费品零售总额及增长速度

2. 会展业

2018 年，青浦区全年累计举办展览 45 个，展出面积 556.5 万平方米，展出接待 676.1 万人次，展出面积和接待人次分别增长 18.3% 和 34.8%。首届中国国际进口博览会顺利闭幕，青浦举全区之力胜利完成服务保障工作，同时抢抓展会溢出效应，加快建设运营 "1 + 4" 平台，"1" 即与国家会展中心合作建立海外贸易组织办公平台，"4" 即常年展示交易平台包括东浩兰生 "一带一路" 进口商品展销中心、绿地全球商品贸易港、西郊国际农产品交易中心、青浦跨境电商保税展示贸易物流中心。

3. 旅游业

坚持抓旅游产业培育和发展、抓旅游行业管理和规范、抓旅游市场推广和宣传、抓旅游基础供给和服务，多动轮驱动旅游行业和旅游产业协调发展，全擎助力青浦区全域旅游示范区创建，加快青浦打造国内一流、世界知名旅游目的地进程。2018 年全区共接待游客 1004.9 万人次，同比增长 8.0%，旅游总收入 80.7 亿元，同比增长 7.5%。

4. 交通运输、仓储和邮政业

2018 年，实现交通运输和仓储业增加值 121.7 亿元，比上年增长 56.8%。全区 63 家规模以上交通运输业单位营业收入 948.8 亿元，增长 48.9%。其中，16 家快递服务企业营业收入 808.3 亿元，增长 55.1%，占总收入的 85.2%。"三通一达"4 家企业总部营业收入 779.7 亿元，占总收入的 85.2%，增长 61%，带动整个行业平稳快速增长。深化全国快递行业转型发展示范区创建，成功举办"2018 中国快递论坛"。随着德邦物流成功上市，总部在青浦的上市民营快递物流企业数量已达 5 家。2018 年函件业务量 166.7 万件，其中国际函件 2.7 万件，增长 133.7%，包件收寄量 2.7 万件，代理特快 7.0 万件，其中同城标准快递 3.2 万件，增长 91.1%。快递包裹 333.9 万件，增长 12.9%。报刊累计 2237.6 万份。2018 年末全区公共停车场 100 家，停车泊位 33878 个；道路停车场 109 条，停车泊位 2781 个。绿色低碳出行公共自行车全区 240 个点位，5100 辆公共自行车。2018 年总计办卡 631 余张，累计租借近 324 万次，日均超过 8885 次。

5. 软件和信息服务业

软件和信息服务业持续快速发展，2018 年实现软件和信息服务业增加值 49.0 亿元，比上年增长 33.7%。全区软件和信息服务业实现销售 309.9 亿元，同比增长 18.1%，税收收入 22.3 亿元，同比增长 29.9%。全面推动市西软件信息园规划建设，推进产业政策制定和宣传、推广等工作，促进软件信息服务业持续快速发展。

6. 金融业

2018 年实现金融业增加值 54.4 亿元，比上年增长 5.3%。2018 年末全区 26 家银行各项存款余额 1762.9 亿元，比年初增长 4.1%，其中，单位存款余额 954.5 亿元，下降 2.4%，个人存款余额 760.9 亿元，增长 9.9%。各项贷款余额 1014.0 亿元，增长 6.1%，其中，单位贷款 548.1 亿元，增长 4.7%，个人住房贷款 416.4 亿元，增长 7.3%。2018 年末存贷比为 57.5%，比年初提高 1 个百分点。2018 年新增场外市场挂牌企业 14 家，其中全国中小企业股份转让系统（新三板）1 家，上海股交中心 13 家，全年共 2 家企业成功上市，其中上交所主板 1 家，港交所主板 1 家。

7. 房地产业

2018 年末房地产开发企业 136 家，开发项目 169 个，施工面积 1223.9 万平方米，比上年下降 1.5%。竣工面积 175.0 万平方米，下降 16.8%。房屋销售面积 151.1 万平方米，比上年下降 3.7%；其中住宅销售 108.3 万平方米，下降

17.0％。以房屋性质划分，商品房销售114.3万平方米，占75.6％；保障性住房销售36.8万平方米，占24.4％。商品房销售额440.3亿元，比上年增长5.8％；其中住宅销售310.6亿元，下降12.6％。以房屋性质划分，普通商品房销售426.0亿元，占96.8％；保障性住房销售14.3亿元，占3.2％。新建商品住宅成交均价小幅下降，为40992元/平方米，同比下降2.4％。其中公寓房成交均价为40433元/平方米，同比下降5.0％；花园住宅成交均价为50678元/平方米，同比上涨4.9％；联列住宅成交均价为40692元/平方米，同比上涨9.3％。

其他行业2018年总体发展情况较好，例如，快递业全年实现业务量13.5亿件、业务收入733.8亿元，分别比上年增长11.2％、19.3％，占全市比重为38.8％、71.9％；北斗导航累计入驻企业195家，实现产值17.6亿元、增长39.0％，实现税收1.1亿元、增长30.0％，新增落户企业41家，累计引进企业数195家；民用航空累计入驻企业40家，实现产值33.7亿元、增长14.1％，实现税收6443万元、增长12.4％；跨境电商出口加工区保税物流中心实现订单241.1万单，累计交易金额达16.6亿元。新引进跨境电商企业7家，累计引进39家，完成2018年度专项资金拨付1443.0万元，出口加工区获批整合优化为综合保税区。①

从重点区域来看，西虹桥商务区2018年全年完成全口径税收17.0亿元，完成全社会固定资产投资124.5亿元，全力保障首届中国国际进口博览会举行，吸引了58个"一带一路"沿线国家的超过1000多家企业参展，成为共建"一带一路"的又一个重要支撑。为打造"永不落幕的进口博览会"，"中国国际进口博览会'6天＋365天'常年展示交易平台——绿地全球商品贸易港"正式开港。商务区楼宇经济初见成效，商务区内洲际酒店、铂骊酒店、铂瑞酒店、万怡酒店相继开业，酒店运营面积约20万平方米，共可提供1835间客房，各类会务运营面积约3万平方米。

---

① 资料来源：青浦区经委关于印发《青浦区经济委员会2018年工作总结和2019年工作计划》的通知（青经发〔2019〕22号），2019年2月28日发布。

二、产业地图与投资趋势明确

在生产性服务业方面，上海市归属商务服务业的细分领域在 2017 年的营收与同比增长情况如表 3 - 8 所示。①

表 3 - 8 2017 年上海市商务服务业细分产业营收与同比增长情况

序号	细分领域	营收（亿元）	同比增长（%）
1	总集成总承包服务	6221.70	8
2	研发设计服务	2472.50	14
3	供应链管理服务	4414.70	9
4	金融专业服务	3250.90	11
5	专业维修服务	230.60	- 10
6	节能环保服务	216.00	5
7	检验检测服务	270.30	12
8	电子商务和信息化	4529.60	13
9	专业中介服务	5560.60	2
10	培训教育服务	11.00	- 3
	总计	27177.90	9

资料来源：根据上海市经济与信息委员会官网数据整理。

总体来看，2017 年上海市生产性服务业总计营收 27177.90 亿元，同比增长 9%。其中，商务服务业的三项细分产业即供应链管理服务、专业中介服务、培训教育服务的营收达到 9986.3 亿元，占比超过 1/3，达到 36.74%。从营收规模上看，专业中介服务、供应链服务在全市生产性服务业 10 项细分行业中分别居于第 2 位和第 4 位。但从同比增长速度来看，仅有供应链管理服务达到了全市平均水平，另外两个细分领域低速增长或是负增长。

从空间布局方面来看，上海市在生产性服务业方面形成了"一心一环多点"的空间布局态势。其中，"一心"是指中心城区，产业定位是非银金融专业服

---

① 资料来源：上海市经信委发布的产业地图，http://map.sheitc.sh.gov.cn/main1.html。

务、专业中介服务、培训教育服务；"一环"包括浦东新区、闵行区和宝山区；青浦区属于多点中的一点，其产业定位是供应链管理、研发设计、总集成总承包。

从具体业态来看，以会展服务、文化创意、现代商贸为例，可以明确未来的市场发展空间。

1. 会展服务

如表3－9所示，从场馆资源方面可以明显看到，上海市在会展服务方面形成了"2＋X"的空间布局结构。其中的"2"即浦东新区和青浦区两个区域。

表3－9　2017年上海市会展服务业资源分布情况

序号	类型	行政区	场馆名称	展会个数
1	2	浦东新区	新国际博览中心	141
			世博展览馆	128
2	2	青浦区	国家会展中心	71
3	X	长宁区	世贸商城	43
			农业展览馆	17
4	X	静安区	上海展览中心	64
5	X	嘉定区	汽车会展中心	37
6	X	徐汇区	光大会展中心	156
7	X	普陀区	跨国采购中心	57

资料来源：根据上海市经济与信息委员会官网数据整理。

青浦区国家会展中心从2016年12月1日起全面运营，但仅从2017年的数据来看，其举办的展会个数即达到71场，并且所举办的会议从规模和层次方面都具有很强的竞争力。2018年，国家会展中心完成相关延伸工程；2019年，继续完成展览规模的提升工程。2019年，该中心当年所举办的展会个数已经达到118场次。

2. 文化创意

如表3－10所示，总体来看，2017年上海市在文化创意领域呈现出较好的发展水平，文化创意服务业的营收为3340.14亿元，增长率达到10.3%。其中，咨询服务业的营收规模较大，在文化创意服务业的细分领域中居于第 2 位，但其同比增长幅度较低。

表 3 - 10　2017 年上海市文化创意服务业细分产业增加值与同比增长情况

序号	细分领域	营收（亿元）	同比增长（%）
	一、文化创意服务业	3340.14	10.3
1	媒体业	174.11	6.2
2	艺术业	103.12	3.6
3	工业设计业	449.32	15.9
4	建筑设计业	439.23	—
5	时尚创意业	138.38	11.8
6	网络信息业	259.34	22.0
7	软件与计算机服务业	695.40	10.8
8	咨询服务业	467.61	2.5
9	广告及会展服务业	279.22	7.1
10	休闲娱乐服务业	334.42	15.4
	二、文化创意相关产业	378.21	4.6
1	文化创意相关产业	378.21	4.6
	总计	3718.35	9.7

资料来源：根据上海市经济与信息委员会官网数据整理。

在空间布局方面，全市形成了"一轴一圈两带多区"的格局，青浦区主要表现在"东西向文化创意产业发展轴"方面，并仍然聚焦于大虹桥会展产业园区的发展（见表 3 - 11）。

表 3 - 11　2017 年上海市文化创意服务业资源分布情况

序号	类型	功能区	区域
1	一轴	东西向文化创意发展轴	大虹桥会展产业园区、昌平路设计集聚带、环人民广场演艺活力区、陆家嘴、上海国际旅游度假区等
2	一圈	沿中外环新经济圈	金领之都、长江软件园、木文化博览园、智慧照明四新经济产业基地、越界创意园等
3	两带	沿黄浦江、苏州河文化创意发展带	徐汇西岸传媒文化走廊、浦东世博前滩文化园区、世博城市最佳实践区、普陀长风文化生态园等

续表

序号	类型	功能区	区域
4	多区	—	环同济创意设计集聚区、上海江南智造文化创意产业集聚区、金沙江路互联网影视集聚带、上海虹桥时尚创意产业集聚区、国家数字出版基地、国家音乐产业基地、西虹桥、金山国家绿色创意印刷示范园区、南上海文化创意产业集聚区、松江影视产业集聚区、环上大影视产业集聚区、东方美谷小镇等

资料来源：根据上海市经济与信息委员会官网数据整理。

3. 现代商贸

总体来看，上海市的商业中心形成了"3 + 1"的空间布局结构。其中，"3"是指市级商业中心、地区级商业中心、社区级商业中心；"1"是指特色商业街区。从城市商业综合体数量来看，青浦区在统计的 15 个区中排名第 12 位，数量较少（见表 3 - 12）。

表 3 - 12　2017 年上海市现代商贸业资源分布情况

序号	行政区	城市商业综合体数量	序号	行政区	城市商业综合体数量
1	宝山区	11	9	闵行区	26
2	长宁区	13	10	浦东区	46
3	奉贤区	6	11	普陀区	11
4	虹口区	6	12	青浦区	8
5	黄浦区	23	13	松江区	12
6	嘉定区	12	14	徐汇区	13
7	金山区	5	15	杨浦区	10
8	静安区	23	总计		225

资料来源：根据上海市经济与信息委员会官网数据整理。

三、产业园区发展管理水平提升

从上海市生产性服务功能区的发展情况来看①，上海市对生产性服务功能区

---

①　这里的生产性服务业内容是指上海着力发展的生产性服务业十大重点领域，包括总集成总承包、研发设计、供应链管理、检验检测、电子商务与信息化服务、金融专业服务、节能环保、专业维修、专业中介、职业教育。

的建设经历了卖土地、收租金到全产业链对接的发展阶段，各园区由自发建设向调整产业结构、转型升级方面演变。据统计，截至 2017 年初，全市生产性服务业功能区总数达到 39 家，其中青浦区为 6 家，分别是上海淀山湖生产性服务业功能区、上海华新生产性服务业功能区、上海 E 通世界生产性服务业功能区、上海移动智地生产性服务业功能区、国家会展中心（上海）生产性服务业功能区、上海嘉壹智汇生产性服务业功能区。

以上海移动智地生产性服务业功能区为代表，青浦区在园区管理水平方面日益提高，形成了较好的发展态势。上海移动智地生产性服务业功能区是青浦出口加工区重点关注和支持发展的特色产业园，依托锐嘉科集团智能硬件研发、生产的技术能力，集聚移动互联网相关产业，在产业园区管理方面已经积累了值得借鉴的经验。

1. 围绕园区运行，完善组织构架

移动智地运营管理团队下设招商部、企业服务部、院士专家服务中心、行政服务部、金融服务部。同时，与中国科学院微电子研究所签署战略合作协议，为入驻企业提供服务，包括以下六项：

（1）场地服务：为园区入驻企业提供优质低价的创业办公空间，为创业者提供路演场地，供举办商业培训、讲座、行业交流、各类创业活动、产品发布会等，并定期定向邀请专家、达人、优秀创业者开设免费讲座。

（2）政策服务：为入驻企业的科研项目提供项目申报、基金申请等政策解读、培训和辅导服务，提供青浦区的创业、创新扶持政策解读服务。协助入驻企业申请相应的青浦区科技项目资助。园区内落实创业补贴、房租补贴、社保费减免、培训补贴、创业贷款等优惠补贴政策；为入驻企业提供工商、税务、组织机构代码证、银行等"一条龙"免费服务。

（3）信息服务：园区内入驻企业共享移动智地公共信息平台，提供项目推介、合作服务。园区设立青浦区科技创新服务中心移动智地分中心，让入驻企业能享受更加便捷的信息服务体验。

（4）技术服务：园区内入驻企业共享移动智能终端检验检测平台。移动智地已经建设了从研发到生产的比较完整的智能手机及移动终端测试环境，园区内移动终端行业相关企业可以充分使用这一测试环境开展研发工作，具体包括硬件测试实验室、产品可靠性测试实验室和器件性能测试实验室。

（5）创业服务：建立由创业导师、辅导员、联络员构成的立体辅导体系，同时园区设有院士专家服务中心，为有需求的企业提供创业指导。

（6）综合服务：提供包括财务、人力资源、投融资对接、科技金融服务、知识产权申请等在内的咨询服务。积极推进银企合作，与中国建设银行等金融部门构建紧密的合作关系，为园区入孵企业提供专业的指导和帮助。

2. 围绕产业特色，加快项目引进

功能区自创建以来，把项目引进作为产业园发展的重点工作，狠抓项目注册，通过出售楼宇、出租办公空间等方式加快项目发展，为产业集聚、推动园区产业发展打下基础。主要做法包括：

（1）坚持产业定位，移动智地制定了八大产业导向：涵盖移动互联网软、硬件开发与应用；"互联网＋"、互联网培训；大数据、云计划开发与应用；3D打印、机器人开发与应用；智能硬件开发与应用；电子商务、移动电商开发与运用；新能源、新材料的开发与应用；企业总部配套服务。依据产业定位，园区严把项目质量关，特别是购楼项目，必须经加工区和区经委二次评审通过，方可项目准入。

（2）开展联动招商，园区主动与加工区对接，主动与市场监督局注册科沟通，主动与各职能部门联系。大力开展招商工作，积极推动项目注册，项目注册数量逐年增长。

（3）大力培育企业，园区加强对入驻企业的培育，帮助企业提炼产业概念并在各个场合予以推荐，提升企业知名度，如数果、万琛、晋泷、花库等公司的项目得到区各职能部门及出口加工区的认同，企业的产品市场得到不断拓展。

（4）推动税收产出，功能区创建以来，落户企业注册率达到98%，这是园区税收产出的基础，园区税收产出贡献度持续保持快速增长。

3. 围绕创新创业，加快孵化运营

园区为创新创业团队搭建创业平台，按照市级科技孵化器要求对老厂房进行了孵化器全面改造，主要包括：

（1）明确孵化器定位。孵化器名称定为 ISA，即万物互联、深度空间、机器自识，为孵化器运营明确方向。

（2）结合软装合理布局，设立公共区域及苗圃、路演区，大大提升了孵化器运营的功能及形象。

（3）完善孵化器运营制度。制定了孵化器运营的规范流程，进一步明确了工作职责。

4. 围绕园区发展，开展创新活动

坚持把开展创新活动作为推动企业发展的载体，为落户企业创造创新氛围和创新环境，促进企业的健康发展。

（1）加强园区宣传力度。通过微信公众号等方式发布园区相关发展情况，用互联网手段宣传力度有所提高。

（2）积极开展各类活动。举办各类活动、接待重要来访交流考察，为园区发展提供精神动力。

（3）积极开展园区创建。先后完成"青浦区文化创意产业园"及青浦区首家"信用管理试点培育园区"的认定。完成相关"市级科技企业孵化器"认定，以及"青浦区众创空间"备案。

（4）加强项目政策辅导。积极为企业对接各类政府扶持政策，辅导企业成功申请各类专项资金，使符合区产业导向的企业得到政府项目扶持，协助园区企业融资；指导企业成功申请高新技术企业、双软认定；指导园区企业申请专利，为企业发展注入政策、资金活力。

5. 围绕园区建设，完善配套功能

按照绿色、智能、创新的理念，除高质量建设主体楼宇外，不断完善园区的配套环境，开设超市、咖啡馆、快餐店、员工宿舍、自助银行、体育公园、艺术空间等。为落户企业提供良好的生活、工作环境。

总体来看，上海生产性服务业载体已形成多样化的空间服务载体，涵盖生产性服务业企业、功能区、众创空间、产业联盟等。生产性服务业功能区之间会进一步开展产业对接、联动互动，推动生产性服务业功能区公共服务平台建设，提升生产性服务业功能区配套水平。通过对接产业链、提升价值链、优化创新链，打破产业发展的区域局限、组织局限和模式局限，创新产业的链接结构、组织形态和价值创造，开放链接、聚合创新，逐步形成企业与企业、企业与园区、园区与园区等多重结盟形式的合作共赢、创新协同发展，全力打造符合产业生态特征的环境圈，实现要素资源的自由流动、扩散叠加和高效溢出，使众创空间成长为承载资源聚合力、服务集成力、创新策源力的平台，成为重构、优化、提升新型产业生态链的枢纽和基地，从而培育出生产性服务业新增长点。

此外，从具体的文化创意产业层面来看，文创产业所形成的产业园也是商务服务业集聚的主要形式之一。截至 2017 年初，上海市文创园区达到 128 家。其中，青浦区为四家，分别是上海青园文化创意产业园区、中国·梦谷—上海西虹桥文化产业园、尚之坊时尚文化创意园、中国北斗产业技术创新西虹桥基地。从抽样调查结果来看，园区整体出租状况较好。以中国·梦谷—上海西虹桥文化产业园为例，其管理水平也具有相应特征。该园区是一家民营的以电子商务为主导产业的文化创意产业园，融合发展电子商务、文化创意、现代商贸和信息科技等产业要素，围绕"信息服务、技术创新、创业服务、人才和培训服务、投融资服务、市场开拓、管理咨询、法律服务"等内容，从"服务、政策、资源、产业"四个维度，协调园区内外资源，为梦谷、青浦及周边的 300 余家企业，提供以"公共性、公益性、专业性"为特点的服务。

（1）构建园区发展特色。构建"一平台、两体系"的专业电商孵化服务体系。其中，"一平台"指建设以中国梦谷官方微信服务号"一门式、电商化"移动端网络服务平台、中国·梦谷—上海西虹桥文化产业园、"交大梦谷电商产业联盟"三位一体的产业孵化服务平台；"两体系"指以孵化器与中国梦谷园区深化建设为基础，以在线服务平台为抓手，系统构建包括八大模块的企业孵化服务体系，以及包含电商生态系统各服务要素为主体的产业服务体系。

（2）强化品牌传播与资源整合。园区在原来中国·梦谷官网基础上建立了以信息发布、服务推广、品牌与产品展示传播、资源整合等为主要功能的"中国梦谷"微信服务号。同时，为推动"上海梦谷电子商务孵化器"成为中国领先的电子商务孵化服务平台，在努力推动构建中国·梦谷电商产业生态系统基础上，探索建设了包括交大园中园、电商品牌孵化基地、跨境电商孵化基地、电商分销与代运维服务基地等专业服务基地，推动相关企业实现集群式发展。

（3）志愿者团队走进园区服务中小微企业。园区通过举办志愿者服务孵化企业的活动，不断总结、固化较为完善的服务流程与组织管理结构。志愿者团队由行业内优秀企业的企业家、培训专家、创业导师等组成，并且对其建立了信息完备的档案库。

（4）深化"创＋服务站"新的服务模式。"创＋服务站"是孵化器与上海产业园区中小企业服务中心合作的创新服务模式，形成由园区基础服务团队与第三方服务机构组成的综合孵化服务团队。其中，园区基础服务团队以提供基础性服务为主，如注册服务、财税咨询、人力资源、法律咨询、商务咨询，以及论坛等企业交流服务等。"创＋"的"＋"指的是专业的第三方服务机构，以提供更专业的服务为主。

（5）构筑会展业专业孵化服务平台。把握国家会展中心落户青浦徐泾的机遇，与行业协会共建"中国·梦谷长三角会展业总部基地"，打造专业性的会展联盟平台。在集聚优秀会展企业的同时，吸纳有潜力、有创新的优质项目，不断将其引进到创业苗圃与孵化器，让其可以借助会展联盟平台丰富的资源享受更多专业性的帮助与扶持。

四、农村集体产权交易市场建设

为贯彻落实《国务院办公厅关于引导农村产权流转交易市场健康发展的意见》（国办发〔2014〕71号）、《关于贯彻〈国务院办公厅关于引导农村产权流转交易市场健康发展的意见〉的实施意见》（沪府办〔2015〕75号）和《上海市农村集体资产监督管理条例》等法规、文件精神，青浦区结合自身实际，提出了农村产权交易市场建设的实施方案。① 要求依托上海农业要素交易所的网络交易平台，在2018年重固镇先行试点的基础上，2019年完成其余10个街镇上海农交所农村集体产权交易中心分中心建设和挂牌工作；梳理镇、村集体经营性资

---

① 资料来源：《关于印发〈青浦区关于农村产权交易市场建设的实施方案〉的通知》（青农委〔2019〕61号），2019年5月29日发布。

产，对新增或合同到期且符合入市租赁交易条件的，必须纳入平台公开交易，逐步形成政府引导、市场运行、规范有序、公平合理的农村集体产权公开交易市场。例如，青浦区金泽镇为进一步深化农村产权制度改革，加强农村集体"三资"管理，加快形成政府引导、市场运行、阳光规范的农村集体产权交易机制，确保农村集体产权交易过程公开、公平、公正，就开展农村集体产权交易市场建设提出了实施方案。从建设内容来看，主要涉及商务服务业中的农村集体经济组织。从建设目标来看，是要充分发挥市场在资源配置中的决定性作用，建立"制度健全、程序规范、过程公开、监管有力"的农村集体产权公开交易机制；不断促进农村资源优化配置，有效提高农村集体产权的流转收益，充分保障农村集体经济组织及其成员的财产权益；进一步规范农村集体产权交易行为，杜绝农村集体产权交易过程中的腐败行为，促进农村党风廉政建设；依托上海农业要素交易网络平台，对新增或合同到期且符合入市租赁交易条件的，纳入平台公开交易，逐步形成政府引导、市场运行、规范有序、公平合理的农村集体产权公开交易市场。

农村产权交易市场依托上海农业要素交易平台，成立上海农交所农村集体产权交易中心金泽分中心。市场建立后，涉及镇农村集体产权依法采取转让、出租等方式交易的，必须通过农村集体产权交易平台实施交易，交易方法采用拍卖、招投标、竞价、协议等方式公开交易。同时，鼓励引导农户、农民合作社、涉农企业等主体拥有的产权进场交易。类似成立的机构还包括上海农交所农村集体产权交易中心白鹤分中心、上海农交所农村集体产权交易中心赵巷分中心、上海农交所农村集体产权交易中心徐泾分中心等。

五、旅游市场资源一体化发展

总体来看，上海市的旅游业呈现出"三圈三带一岛"的空间布局。"三圈"即中心区旅游圈层、郊区旅游圈层、滨海临江旅游圈层，"三带"即黄浦江水上旅游带、苏州河水上旅游带、沿长江及滨海水上旅游带，"一岛"即崇明岛国际生态旅游岛。其中，青浦区发展的重点方向之一是会展旅游业，并着力打造淀山湖国家旅游度假区。

从规划层面来看，淀山湖地区应当围绕产业转型升级，按照特色化、集约化、低碳化的要求，充分发挥生态环境和古文化、水文化优势，形成"三二一"产业联动的局面，建立以现代服务业为主体的生态友好型产业体系。并且，着力发展现代服务业，重点聚焦淀山湖地区"大健康、大旅游、大文化"等产业领域，推进休闲疗养、医疗保健等多样化、多层次的康体疗养服务体系建设；制定淀山湖地区旅游发展规划，积极推进区域旅游品牌创建和层次提升；打造文化创意产业发展平台，促进文化创意企业和组织集聚。并且，在这一过程中，充分进行区域联动，推进旅游市场资源的一体化。

淀山湖地区地处苏浙沪两省一市的交汇处，同时也是黄浦江和苏州河的上游地区。2015 年，青浦区明确了在淀山湖地区建设世界著名湖区的发展目标，并得到了江苏、浙江两省的响应。2018 年，青浦区与江苏省的昆山市、吴江区和浙江省的嘉善市签订战略合作协议，共同推进长三角一体化发展。2019 年 4 月，青浦区旅游局组织召开了环淀山湖旅游规划对接会，浙江、江苏两地区的相关单位参加会议，确定了环淀山湖区域协同发展、环淀山湖地区古镇和环太湖古镇联动开发、打造世界级水乡古镇文化休闲区和生态旅游度假区的发展目标。

在区域联动方面，青浦区划定了由"内外两圈"构成的环淀山湖旅游圈，设定了打造世界级休闲旅游度假目的地和建设世界著名湖区的发展目标，与环淀山湖的江苏、浙江区域相联动发展。其中，内圈以"朱家角—金泽临湖旅游休闲区"为空间依托，主要包括朱家角、金泽—西岑莲盛、商榻等区域；外圈以"练塘生态文化休闲区"为空间依托，主要包括练塘古镇及周边区域。环淀山湖地区打造长三角一体化的"中心花园"将分为三个阶段：一是实现环淀山湖约 60 千米岸线贯通并对公共开放；二是青浦区淀山湖地区创建上海市级旅游度假区并与江苏省共同创建首个跨省界的国家级旅游度假区；三是逐步把淀山湖地区建设成为世界级的以江南水乡文化为特色的世界级旅游目的地，打造必游必看的世界级旅游精品。① 基于此，青浦区青浦旅游发展将以生态为基、文化为魂，建设集人文历史体验、水乡度假休闲、商务会展交流、运动健康养生等于一体的高

---

① 资料来源：《青浦区全域旅游发展总体规划（2018 - 2035）》。

品质全域旅游目的地。并且，进一步推进旅游和文化、体育、健康养老等产业的融合发展，并建立旅游产业生态圈，让旅游业的发展得以健康持续。同时，聚焦"品牌IP"打造，提出了29个重点建设项目。其中文化类项目6个，包括朱家角古镇打造AAAAA级景区、练塘古镇打造AAAAA级景区、金泽古镇打造AAA级景区等；生态类项目3个，包括环淀山湖生态带、涵养林等；综合类项目4个，包括蓝色珠链休闲景观带、环城水系生态文化公园集聚区等。此外，还有4个度假类项目、2个乡村类项目、3个运动类项目、1个会展商务类项目、3个商业休闲类项目和3个其他项目。

六、产业吸引力不断增强

目前，淀山湖地区以观光旅游为主的低端服务业尚未能支撑起中高端人才的需要。不过，随着商务服务业的持续发展，其产业类型中的知识密集特征，将有利于吸引高端人才的集聚。同时，商务服务业的发展，可以充分利用嘉定、松江等区域的大学院校及科研院所的智力资源，通过咨询业、会展业等快速发展，在具体产业领域形成竞争优势，形成淀山湖区作为知识创新的重要区域，并将其建设成为特色新型智库，为区域经济乃至国家经济发展不断贡献创新思想与创新成果。

在此过程中，淀山湖地区的商务服务业表现出日益增强的产业吸引力，即在产业规模、产业发展潜力、产业经济效益、产业可持续发展等方面均表现出较好的发展态势。以会展业为例进行分析，会展市场具有区域性、综合性、弱季节性、低集中度等特点。区域性是指会议或会展场所的客户辐射范围有限，主要视所在城市的地位而定；综合性是指会议或会展主办者需要会务服务方提供综合性的一站式服务，包括策划、组织、设备、交通、住宿、餐饮、休闲等；弱季节性是指会务市场淡旺季不明显，年终会议对旅游旺季是较好的缓冲，以休闲旅游为目的的会议如公司奖励旅游会议、各类协会的研讨会等往往选择在旅游旺季到旅游城市举行，各种行政、商务日常会议对召开时间无特殊要求，政府、公司的年终总结会、表彰会、讨论会等往往在冬季举行，地方两会在春季举行，这对淡季会议客源是重要的补充；低集中度是指与酒店行业类似，尚未形成大型跨地区、集团化经营的领导性企业，客户仅能依托当地的会议或会展场所及旅游资源举办会议或会展活动。根据国家文化和旅游部《全国星级饭店统计报告》，截至2019年第4季度，全国星级饭店统计管理系统中共有星级饭店10130家，集团化程度仅为9.6%。相比之下，美国由集团管理的饭店已达80%，欧洲为50%。在中国120多家饭店管理集团中目前仅有8家被列入全球饭店管理集团300强的行列，这与目前中国庞大的市场是不相称的。淀山湖地区可以借助区位优势拓展其辐射范围，在发展高端商务业的过程中，可以提升会展服务的档次与水平。同时，湖区丰富的自然水资源与古镇文化资源可以满足各类商旅服务的要求，并能够满足各个时间段对会展服务的需要。湖区基于商务所形成的整体区域品牌与企业品牌互动的品牌战略架构，可以摆脱会展经济低集中度的散弱局面，在保持独有特色的同时，增强各自细分市场的竞争力，提高集团化程度，培育会展服务业领域中的核心企业。

国家会展中心已经成为上海的重要地标，该中心位于青浦区徐泾镇，总建筑面积147万平方米，拥有40万平方米的室内展厅和10万平方米的室外展场，配套15万平方米商业中心、18万平方米办公设施和6万平方米五星级酒店，定位于建成世界上最具规模、最具水平、最具竞争力的会展综合体。显然，作为新时期中国商务发展战略布局的重要组成，该地区将在拓展世界市场和国际贸易、展现国家综合实力中发挥重要作用，并以长三角为重点产生强大的虹吸效应。据统计，国家会展中心在2014年的两场试展中客流就非常大，日均人流分别达到13万人次和19万人次。2015年国家会展中心迎来34场展览，其中仅2015年4月份的上海车展日均人流就达到20万人次。淀山湖地区的发展立足青西片区，在一城两翼、东西并重的发展思路下，可以充分对接和利用国家会展中心的庞大人流，逐步提高酒店入住率、配套服务水平等，并实现淀山湖区在会展服务业方面的跃迁式发展。

淀山湖区对商务服务业中知识内涵丰富的类别进行重点发展，这为湖区发展高端会务服务业提出了要求。从会议市场来看，商务会议主要有两种类型：一种是日常商务会议，包括内部会议与外部会议。其中，内部会议有员工大会、董事会、部门工作会议、人员培训会议等；外部会议有经销商会议、商务洽谈会等。

另一种是商务展销会议，是为向目前客户或潜在客户介绍、推销产品而设计召开的会议，会议主办者通过这种形式向客源市场进行营销推广。此外，会议类别还涉及行政会议与协会会议。从经验数据中可以看到，商务会议约占市场的60%，而协会会议约占30%，行政会议约占10%。可见，商务会议是淀山湖区关注的重点，在宏观经济持续快速增长的背景下，地区间、国家间的商务往来更加频繁。不同类型的会议场所针对的主要客户群、提供的服务以及采取的市场营销手段有所不同（见表3－13）。

表3－13　不同会务市场提供者的特征

会务提供者	主要客户群	服务内容、服务方式	客户开发、市场拓展
大型专业化会展或会议中心	大型会展、大型国际会议、与大型会展相关联的洽谈会、交流会等	提供大规模会展场所、提供货物运输服务、提供餐饮住宿等周边服务	利用城市地位（京沪）或者当地经济特色（东莞、义乌）吸引客户
会议或商务型酒店	各种规模、类型的会议	提供不同规模的会议场所、提供会议接待、策划、组织服务，提供餐饮住宿娱乐等周边服务	与会议代理公司合作，或由自有会议代理人员开发客户
其他酒店的附属会议场所	酒店客户的日常会议	会议场所较少，规模较小，一般没有会议周边服务	属于对酒店客户的配套服务，无专门营销手段

目前，淀山湖区在酒店、商业中心等设施方面已有一定基础（见表3－14），不过，基于高端商务服务业的发展，淀山湖区的会务服务水平仍有待进一步提高。随着高端商务服务企业的逐渐集聚和区域品牌影响力的提升，以及由此带来的高级别会展等的举办，对会议服务的要求也将不断提高，伴随市场需求的层次跃升，湖区也将匹配相应的服务设施、完善会议服务的内容、提高会议服务的水平。同时，对于一般性的商旅服务业，也通过细分市场的划分，提供差异化的会议服务，以满足不同层次的需求。按需求特性区分，客户需求大致分为舒适型、排场型、便利型三类。其中，舒适型的参会者偏好服务的舒适性，在合适的价格下比较注意住宿、服务和餐饮条件；排场型的客户看重企业形象，通过会议对企

业进行宣传，如新闻发布会、展销会、经销商会议等，会议主办者比较讲究排场，更多地考虑星级标准、形象和环境等；便利型则主要是其他的日常商务会议如员工会议、工作讨论会等，主办者比较注意交通、地段等因素。

表 3 – 14　上海淀山湖新城发展有限公司相关项目情况

序号	项目名称	特征	时间
1	区体育文化活动中心	总建筑面积约30880平方米	2019年
2	养老设施64A－02A	总建筑面积约14693平方米	2019年
3	赵巷商业地块超市项目	总建筑面积约33033平方米	2018年
4	赵巷商业地块酒店项目	总建筑面积约23058平方米	2018年
5	养老设施13A－02A	总建筑面积约22727平方米	2018年
6	养老设施27A－10A	总建筑面积约10028平方米	2018年
7	环城水系（美丽河湖）	居民休闲运动的场所	2017年
8	郊野公园	以大莲湖为中心，共计4.6平方千米范围	2016年
9	怀盛商业中心	多功能、现代化、人性化的商业综合体，以社区中心为主导的主题性商业中心	2016年
10	崧泽财富生活广场	集中式纯商业物业	2015年
11	朱家角安麓酒店	由国际顶级奢侈品酒店品牌安缦（Aman）与国内开发商联手打造	2014年
12	青浦吾悦广场	总建筑面积约16万平方米，推出"新一代体验式消费方式"，在原有购物功能的基础上，将娱乐、餐饮和零售商铺整合为一体	2014年
13	富绅商业中心	集商业、办公为一体的综合性、国际性的地标建筑群	2014年
14	大拇指广场	新东方时尚文化消费地标	2014年
15	中信泰富朱家角锦江酒店	占地面积65亩，总建筑面积约4万平方米，位于大淀湖畔，酒店建筑的设计特色以院落为主	2013年

第四章　淀山湖区商务服务业发展战略定位

第一节　淀山湖地区商务服务业主导产业选择

2019年的《生产性服务业统计分类》把商务服务业划分为组织管理和综合管理服务、咨询与调查服务、其他生产性商务服务三个行业类别。其中，组织管理和综合管理服务包括企业总部管理、投资与资产管理、资源与产权交易服务、单位后勤管理服务、农村集体经济组织管理、其他组织管理服务、园区和商业综合体管理服务、供应链管理服务、其他综合性管理服务9项内容；咨询与调查服务包括会计、审计及税务服务、市场调查、商务咨询服务3项内容；其他生产性商务服务包括广告业、生产性安全保护服务、生产性市场管理服务、会议/展览及相关服务、办公和翻译服务、信用服务、其他未列明生产性商务服务7项内容。结合淀山湖区优质的旅游服务资源，及其与会展服务紧密的产业联系，这里将旅游服务作为该湖区备选的主导产业内容。总体来说，从政策及市场两方面的导向性来看，淀山湖地区的商务服务业发展具有很好的发展基础与前景，发展速度和整体质量都有较好表现，但是，从区域发展的视角上讲，必须运用区域经济学和产业经济学的理论与方法，结合淀山湖地区实际情况进行考虑，科学准确地选择最适合淀山湖地区重点发展的商务服务主导产业。主导产业选择的主要思路是：首先，利用产业吸引力指标来重点探讨商务服务业本身的特点，构建商务服务业的评价指标体系；其次，借助区域拉动力指标来分析淀山湖地区的区域环境；最后，将二者结合，搭建主导产业选择矩阵，来准确定位出适合淀山湖地区商务服务业发展的具体产业。

一、商务服务主导产业选择的原则

1. 竞争优势明显

主导产业必须尽可能地选择成长性较好、附加值较高的内容，并且能够充分顾及当地的特色发展资源，不断地将这些资源转化为产业竞争力，进一步地，形成与周边其他地区的差异化优势。同时，主导产业的产业优势应当辐射到产业链上的其他环节，形成龙头企业带动、配套企业支撑的互动共生局面。

2. 持续内生发展

持续发展不仅表现为绿色经济、生态文明的环境可持续，对于商务服务业来说，更重要的是其产业的内生增长能力，即主导产业所表现出来的创新能力。应当基于商务服务业知识密集的特征，重视主导产业中有利于培养创新氛围、改善生产要素供给结构、优化消费需求结构的内容。

3. 区域协同带动

在进行主导产业选择的过程中，除了研究产业内在的因素外，还应当着重考虑地区要素禀赋结构、在区域乃至全国地域分工中的比较优势以及在宏观产业政策实施过程中所处的战略地位。只有选择那些能够充分发挥区域比较优势、具有区域协同与带动能力的产业，才有可能保持区域经济快速、持续、稳定的发展态势。

二、商务服务主导产业选择的综合指标

根据商务服务业的内涵以及主导产业选择的原则，主要从两个维度即经济层面与社会层面对产业进行筛选，并形成产业吸引力、区域拉动力两个一级指标，在此基础之上，细化指标的层级。

1. 产业吸引力指标

从产业持续发展的角度考虑，产业吸引力的大小应当既关注产业的发展存量，又关注产业的发展增量，既要重视产业的经济效益，又要重视产业的社会效益，从而使得产业具有较强的吸引力。为了满足淀山湖地区打造世界著名湖区的发展目标，在产业吸引力指标的构建过程中，依循了科学性、可行性、可比性、稳定性和适度超前性的选择原则。

产业吸引力指标体系如图 4-1 所示。产业吸引力评价是一个典型的多指标综合评价问题，对于各指标权重的确定有很多方法，如专家打分法、层次分析法、主成分分析法等。本书主要采用专家打分法来确定产业吸引力四项指标的权重，分别为 0.20、0.20、0.35、0.25。

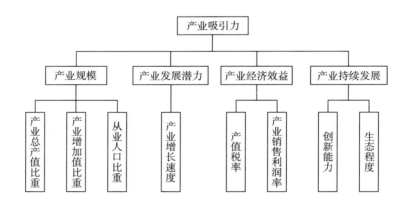

图 4-1 产业吸引力指标体系

2. 区域拉动力指标

区域拉动力指标是用来分析区域条件与产业的相关性程度，即某一产业的发展在某一区域内是否具有竞争力、具有良好的发展环境和基础。基于商务服务业自身的特点以及区域联动发展的要求，以资源优化配置和促进区域协同发展为目标，关注市场情况，重视政府推动力，对区域拉动力指标进行系统思考和设计，一是将过程与结果相结合，二是注重总量与结构相平衡。区域拉动力指标设计如表 4-1 所示。

表4-1 区域拉动力指标设计

一级指标	二级指标	评价等级			
		优	良	中	差
政府支持	地方政府法规	支持	较支持	一般	不支持
	政府体制创新	很多	较多	一般	较少
	政府行政效能	高	较高	一般	不高
资源环境	硬件设施	健全	较健全	一般	不发达
	交通环境	很发达	较发达	一般	较少
	交流合作	很多	较多	一般	较少
	差异性资源	多	较多	一般	较差
	金融环境	很好	较好	一般	较差
集聚能力	区域吸引力	好	较好	一般	较差
	资本集聚度	不好	一般	较好	很好
	中心城市辐射	好	较好	一般	较差
产业质量	设计策划能力	强	较强	一般	较弱
	产业结构	好	较好	一般	较差
	专业人才	好	较好	一般	较差
区域带动	产业关联性	强	较强	一般	较弱
	产业先导性	强	较强	一般	较弱
	就业带动性	好	较好	一般	较差
	产业全局性	好	较好	一般	较差

三、商务服务主导产业选择矩阵的建立

采用定量和定性的方法针对区域拉动力和产业吸引力进行综合打分，最后可以将商务服务业的各类细分产业根据自身的得分进行聚类分析，将各产业归入主导产业选择矩阵的各个象限。

综合考虑商务服务业的发展现状和淀山湖区域的发展条件，构建主导产业选择矩阵并进行相关分析，可见，会议/展览及相关服务、商务咨询、供应链管理、园区/商业综合体管理四大细分产业居于图4-2的右上角的双高象限，适宜在湖区优先发展。其中，由于旅游服务是与会展业具有较紧密关系的产业，也是湖区

应当重点发展的产业。除此之外，企业总部管理、广告、信用服务、投资与资产管理也具有较好的发展前景。

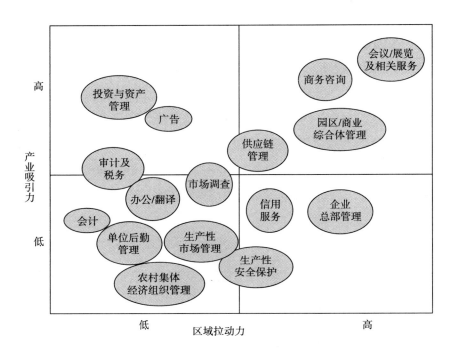

图 4－2　主导产业选择矩阵

第二节　淀山湖区商务服务业的总体思路、发展目标与路径

一、总体思路

结合淀山湖区的发展资源与相关背景，从战略规划的角度对湖区发展进行总

体考虑，将其建成以生态涵养为前提、旅游文化为特色、创新服务为方向的宜居、宜业、宜游的世界著名湖区。基于此，遵循"聚核—聚链—聚网"的基本内容结构与思路，打造"1+1+3"的重要商务服务业基地，形成"龙头企业—产业链—产业集群—著名湖区"的发展路径。在此过程中，应首先明确该地区发展商务服务业的基本思维，然后考虑发展的内容结构与具体路径。

1. 发展的基本思维

这主要包括以下六个方面的考虑：

（1）全局思维。淀山湖地区的发展应以长三角一体化为背景进行总体考虑，在区域内东西部发展不平衡的情况下，结合淀山湖地区三镇共同的地理位置、资源禀赋和发展定位，推动三镇联动发展，并将此升级为跨省界的环淀山湖地区多镇协同发展。

（2）底线思维。党的十九大报告在加大生态系统保护力度方面提出了底线要求，即完成生态保护红线、永久基本农田、城镇开发边界三条控制线划定工作。由于淀山湖地区是上海市重要的水源地，而且淀山湖地区的朱家角镇、金泽镇和练塘镇均为国家历史文化名镇，因此，应当以生态保护、基本农田保护和文化保护三条底线来进行产业规划。

（3）阶段思维。青浦淀山湖地区三镇联动发展的总体方案，提出了实现世界著名湖区的长远目标。同时，也提出了创建淀山湖国家级旅游度假区的阶段性目标，即先创建省市级，再创建国家级，最终建成国际度假区。为了实现城乡一体化，三镇联动发展的总体方案初步安排了213个补短板的近期实施的项目，以逐步改变东西部发展不平衡的局面。

（4）统筹思维。从规划角度来看，统筹发展需要进行"多规合一"，青浦淀山湖地区三镇的联动发展，必须处理好生态环境的保护和发展问题，探索生态、生产和生活"三生融合"的发展模式。青浦淀山湖地区三镇建设用地占比仅约18%，建设用地的指标极其稀缺，既要考虑基础设施用地，也要妥善安排民生项目用地，还需要预留新导入的产业项目用地。除了必须兼顾地上和地下空间外，还要同时考虑工程技术和文化品位。

（5）最优思维。规划过程中一般会形成多种方案，而在进行方案选择时也往往会形成经济性、美观性、高效性等多种标准。在淀山湖地区的开发建设与发展规划中，应当在实现项目功能以及一般财务指标的基础上，充分考虑青浦区向西发展的趋势以及大力推进商务服务业具体业态持续发展的背景，选择能延续水乡特色、具有地标意义、融入景观与旅游功能的设计方案。

（6）目标思维。规划目标是指引实际工作的导向性要求，不能在实现目标的过程中随意搁置或放松。建设世界著名湖区是淀山湖地区的长远目标，实现商务服务业的持续发展是实现该目标在构建区域主导产业方面的重要任务，必须坚持目标导向，制定切实可行的战略实施方案，从而真正落实规划内容。

2. 发展的内容结构

主要包括"聚核—聚链—聚网"三个阶段：

（1）聚核。在第一阶段，主要包括两方面的内容：一是根据所选择的主导产业，明确细分的、具体的产业业态；二是充分整合相关资源，引进主导产业中的龙头企业或核心企业，形成湖区主导产业发展的增长极。

（2）聚链。在第二阶段，以龙头企业或核心企业为中心位置或结构洞位置①，发挥其产业吸引力，延伸和完善若干纵向的产业链，并逐渐形成为其提供配套服务的横向链条。

（3）聚网。在第三阶段，产业链条深度融合，形成各产业环节联动发展的局面，政府、园区、企业等各类主体共生，共同培植世界著名湖区高端品牌，并带动淀山湖地区的经济与社会发展。

3. 打造"1 + 1 + 3"的重要商务服务业基地

（1）打造世界知名环湖会展服务区。淀山湖区是青浦区"一城两翼、一带三核"区域总体空间结构的重要内容，是其中一"翼"青西片区的核心。②

依托区域总体发展规划，充分利用和发扬湖区优势资源，在湖区建设长三角地区合作与发展联席会议等常设会址，其中，重点是高效利用环湖地区的国企资

---

① 如果把发生直接联系的企业之间用线段连接，那么在集群整体层面上来看，没有直接联系或者联系间断的企业之间就会形成空白，在网络中出现类似洞穴的现象，即 Burt（1992）所谓的"结构洞"，而此处的位置则是结构洞位置。

② 资料来源：《上海市青浦区总体规划暨土地利用总体规划（2017 – 2035 年）》。

源。以西虹桥商务区为核心的青东片区是青浦区未来发展的另外重要一"翼"，两翼的协同发展要求淀山湖区联动大虹桥，以会展业为主导产业，开展一系列的专业和配套服务，尤其是在配套服务方面，着力发展与会展行业相关的商贸、住宿、餐饮、交通、娱乐、通信、印刷、广告、地产等相关配套行业发展。进一步地，围绕世界级城市群建设、区域协同发展、生态绿色发展和高质量发展等主题，打造"1＋N"的淀山湖国际论坛品牌。

依托青浦区发展"四个中心"的定位①，充分承接和利用进博会及常年展示平台带来的人流、物流、资金流、信息流，推动整合长三角开放发展的资源要素，进一步发挥青浦区"上海之门"的辐射带动和服务作用。基于国际会展中心城市的特点，淀山湖区应当重点从两个方面围绕会展产业做好协同发展：一是完善基础设施和相关配套，重视会展业与其他产业的融合发展；二是加强功能健全、能力自主的行业协会的干预和协调，推动布展及保障工作到位。同时，应当着力做好以下四个方面：一是加强规划，完善基础配套设施。重点发展高档商务酒店、餐饮、商业中心等设施，立足打造会展之城的目标，规划会展产业集群，即以酒店服务、商务办公、休闲商业、居住公寓功能为主的会展综合服务区，以历史保护、产业孵化、旅游服务、科技研发、酒店商业功能为主的会展延伸产业区。二是完善产业生态环境，引进知名组展商、会展龙头企业。重点完善会展服务商业带及会展生态建设，推动保税仓库、展示交易等服务功能完善，完善要素供给、强化人才支撑等多项举措，完善会展服务体系建设，引进品牌展会、知名会展企业、会展服务业及上下游企业落地。三是培育或引进行业专业协会、会展专业服务机构等，进行行业协调和功能服务。四是推动会展业与信息技术的高度融合。结合区域产业优势，一方面推动会展产业与文、体、商、旅、贸等传统产业的融合发展，另一方面将"互联网＋"、大数据、云计算等新兴技术与传统会展有机结合，协助企业创新办展方式，提升办展水平，推动青浦区会展产业的跨越式发展。

（2）打造世界著名湖区旅游胜地。淀山湖区应当紧密围绕区域产业优势及

---

① 即进口商品贸易中心、会展服务经济中心、时尚品牌消费中心、名优食品展销中心。

发展特征，大力做好"水文章"，发展世界级的湖区旅游产业。从淀山湖区所处区域总体情况来看，长三角一体化示范区内生态良好、湖荡密布、水网交错，具有生态用地占比达 68.9%、绿化覆盖率超 40%、拥有 400 多个自然湖泊、水面率达 18.6% 等生态特点，应当推动上海青浦与江苏、浙江联动建设淀山湖国家级旅游度假区。具体到淀山湖区来看，该地区既是重要的生态涵养区和保育区，也是生态敏感区和脆弱区，应当挖掘生态文化资源，优化提升环境景观、旅游配套及创新办公服务，限制房地产开发，打造优质滨湖独家及创新办公空间。

将环淀山湖国际化湖区功能（青浦片区）和昆山南部旅游片区功能进行对接，实现战略协同与错位发展，聚焦"运动时尚""生态田园"两大旅游度假产品，注重从"创新＋""科技＋""网络＋"三个方面注入文化，丰富旅游产品内涵，共同打造"世界著名湖区"。2019 年 11 月，《长三角生态绿色一体化发展示范区总体方案》发布，提出要打造绿色创新发展新高地，着力发展绿色经济，围绕环淀山湖、元荡、汾湖联合打造马拉松、自行车、水上运动等体育活动品牌，大力发展体育产业，培育绿色新动能。在此基础上，创建国家环淀山湖体育中心，通过体育中心引领环淀山湖区域共同打造以体育为主题的绿色生态产业一体化发展。将生态优势转化为经济社会发展优势，并充分放大重大产业项目吸引集聚全球优质资源。进一步地，实现环湖县市发展以体育为载体的绿色生态产业，将环淀山湖区域打造成为长三角地区的世界级国家体育基地，形成国际水上体育赛事、群众性体育运动、体育休闲娱乐等多种形式，打造国际水上体育运动品牌群岛。从区域协同方面考虑，上海青浦区、江苏吴江市、浙江嘉善市可打造特色体育项目基地，在体育项目上合理分工，并由此延伸出各自具有特色的体育休闲、体育观光旅游、体育康复保健、体育教育培训等的绿色产业集群。

推动环淀山湖地区和沿 G50 廊道在旅游方面的协同发展，各方共同推进环淀山湖地区古镇和环太湖古镇联动开发，打造世界级水乡古镇文化休闲区和生态旅游度假区。并且，以建设世界级湖区为目标，加强水乡古镇等文化旅游资源的整体开发利用，形成融合文化、生态、休闲等功能的战略空间，并打造世界级水乡古镇文化休闲区和生态旅游度假区。①

（3）打造商务咨询、园区/商业综合体、供应链管理服务业高端集聚区。这三类需要重点发展的主导产业均应以会展及其相关产业为核心，其中，商务咨询服务业要将其所包含的营销策划、公关策划、企业诊断、管理咨询、人力培训、购并中介、融资顾问、财务管理、战略设计、项目评估等基本业务与会展业相关联。会展业的发展不仅要关注会展的数量，也要重视会展的质量，而会展质量直接取决于商务咨询服务业中会展设计等内容的发展水平。因此，淀山湖区域应当特别重视会展策划、会展宣传与会展组织等的发展，提升其层次。在会展市场规模迅速扩大、会展行业企业不断聚集的情况下，从顶层设计入手改善淀山湖区域的会展质量，形成具有世界影响力和知名度的会展中心。具体来看，应当聚焦于会展产业链的上游，承接淀山湖区域以及长三角区域的会展策划、宣传与组织等业务，逐渐向会展产业链中高附加值环节延伸，带动会展旅游、会展培训、会展信息服务等相关产业发展，提高淀山湖区域会展业经济发展的带动能力，更好地撬动区域经济发展。

产业园区是企业集聚、产业集群的主要载体，是实现长三角区域一体化这一国家战略的重要平台与主要阵地。长三角区域一体化的重要内容之一即土地集约利用，在国家级开发区中，以上海为核心的长三角区域在土地集约利用方面具有较好表现，共有13家园区进入前30强榜单，占比高达43%，整体上显示出在土地集约利用方面的较高水平。② 同时，产业园区合作进一步反映了其所在区域的协同发展情况。上海有两个园区进入产业合作持续竞争力全国前五强，其中，上海张江国家自主创新示范区排在全国首位。在全国前10名园区中，长三角区域共有四个园区入围，除上海市以外，另外两家分别来自江苏省和浙江省。③ 淀山湖区在商务服务业中要充分利用该区域产业园区持续竞争力较强的优势，从园区

① 2017年，国务院批复《上海市城市总体规划（2017-2035年）》。

② 开发区土地集约利用状况评价涉及的指标包括土地供应率、土地建成率、土地开发率、工业用地率、综合容积率、建筑密度、工业用地综合容积率、工业用地建筑系数、工业用地固定资产投入强度、工业用地地均税收、综合地均税收等。

③ 甄杰. 上海国家中心城市建设与长三角区域协调发展：回顾与展望. 国家中心城市建设报告（2019）[M]. 北京：社会科学文献出版社，2019.

管理的角度增强园区持续发展的支撑服务能力，以企业、协会、园区、政府等多方主体整合相关资源，在园区持续发展的规划、运营、控制等主要方面提供商务服务支持。与此相近，城市商业综合体具有商业经营、企事业办公、酒店经营、文体娱乐等多种功能，为了建设世界著名湖区，更好地做好湖区配套服务，淀山湖区必须重视商业综合体管理工作，针对商业综合体存在的风险，并重点做好四个方面的工作：一是进行有效定位，充分重视区域发展环境、地方政府政策及企业自身发展需要，找准共同利益点；二是加强有效融资，充分考虑政府优惠政策、银行贷款政策及社会融资心理等因素，畅通融资渠道，保证盈利能力；三是重视施工风险管控，对施工及管理人员进行有效的安全培训，降低安全事故发生率；四是做好合理规划，使商业综合体能够可持续经营，并形成独特的竞争优势。

供应链管理尤其是绿色供应链管理在高质量发展背景下对于企业持续提升环境绩效、扩大绿色产品供给、促进消费升级具有重要的作用，淀山湖区域应基于上海等地方政府在绿色供应链政策实践方面先行先试的经验，采取"专门政策驱动、第三方助力、龙头企业引领"的模式，基于主导产业选择的结果，积极推进绿色供应链管理工作，引导核心企业的绿色要求向上游和下游企业延伸。淀山湖区域本身就是上海市水源保护地，在供应链管理服务行业中应当重点做好以下三个方面的工作：一是形成企业协调合作机制，改变企业片面最求经济利益的思想，将环保理念贯穿于供应链的整体运作过程中，通过提高企业的技术能力、信息化水平以及协调合作能力，提升供应链的获利能力和竞争优势；二是建立绿色业务流程，加强对绿色供应链全过程绿色动态的监控，提高企业在新技术推广、流程再造和新能源使用等方面的能力，从生态设计、绿色材料、源头控制、绿色营销、绿色运输等多方面构建供应链系统；三是提高企业和公众的环保意识，不仅是基于淀山湖区水源地的需要，而且更是从区域产业转型升级的角度，采用专家培训、企业绿色技术支持、建立学习绿色供应链知识学习平台。

二、发展目标

1. 总体目标

根据《淀山湖地区中长期发展规划》，淀山湖区到 2040 年将基本建成以生态涵养为前提、旅游文化为特色、创新服务为方向的宜居、宜业、宜游的世界著名湖区。从商务服务业的角度来看，淀山湖区的总体发展目标是建设成为特色鲜明、优势凸显、国际知名的高端商务服务业集聚区。这主要是基于以下三个方面的判断：

（1）淀山湖区在商务服务领域具有基础性优势，拓展现有领域边界，定位于湖区特色商务服务领域，以会展、旅游、咨询、产业园区/商业综合体管理、供应链管理等为主导，并向综合型商务服务业领域扩张。

（2）通过打造淀山湖整体品牌、商务会务品牌、知名企业品牌，建立高信誉度、扩大其服务客户群辐射能力，持续提升淀山湖的国际影响，并建立淀山湖区域多层次品牌互动牵引的优势品牌体系。

（3）淀山湖打造成为商务、会务、品牌三大板块良性互动、相互支撑，成为国际范围内商务服务行业知名的集聚区，并在未来10～20年内实现业务领域多元化，成为现代综合型的商务服务湖区。

在这一过程中，淀山湖区发展的使命是做强国内外商务集聚经济、实现相关者经济社会的持续增值。一方面，通过对商务服务内容持续质量控制、服务流程持续优化，确保服务内容符合客户需求，使集聚区内的企业能够成为国内外客户充分信赖、持续合作的优质伙伴；另一方面，通过国内外合作渠道的有效建设，确保集聚区内商务服务企业所提供的相关服务能够持续满足客户的多样化需求。

2. 阶段目标

基于发展总体思路与总体目标，淀山湖区以2040年为发展节点，将未来20年的发展大致分为三个阶段，即规模扩张阶段、提升发展阶段、辐射带动阶段。淀山湖区发展的各阶段均融合了"聚核、聚链、聚网"的"三聚"工作内容，并且在每一个发展阶段分别突出其发展重点。其中，第一阶段以"聚核"发展为主，重点吸引主导产业的龙头企业入驻；第二阶段以"聚链"发展为主，重点完善纵向的产业链以及横向的配套链；第三阶段以"聚网"发展为主，重点提升淀山湖区世界著名品牌。同时，以招商引资为工作主线，则三个阶段分别形成"以地引商""以商引商""以区引商"的工作特色与重点。

（1）规模扩张阶段（2020～2025年）。本阶段具有淀山湖区建设的基础性地位，主要就打造淀山湖区"1+1+4"的重要商务服务业基地做好基础性工作，着力发展商务服务业之中的六大主导产业。围绕主导产业，在本阶段重点引进相关的龙头或核心企业。本阶段为淀山湖区的规模扩张阶段，即"上规模"。淀山湖区的产业链发展应当依托会展、旅游这两个重点作为切入内容，提升各主导产业的竞争力，引领湖区由商务服务业的中低端尽快向高端演化。由此，优化湖区商务服务业内部的产业结构，提升价值，增强产品与产业竞争力。

（2）提升发展阶段（2026~2030年）。本阶段处于淀山湖区建设的关键性地位，主要就打造湖区商务服务业基地做好产业链条的延伸与配套工作，稳固发展主导产业的重点项目，增强湖区的服务功能，优化主导产业的结构，并形成湖区知名品牌。此时，应注意遵循产业发展的规律性，一方面是产业成长规律，即产业随时间推移所体现的纵向发展规律；另一方面是产业价值规律，即产业发展中的分解、融合、空间转移和空间集聚趋势。在该阶段，打造完备的主导产业链条，完善相关配套产业。本阶段为湖区提升发展阶段，即"树优势"。

（3）辐射带动阶段（2031~2040年）。本阶段的工作重点是在延伸和完善主导产业链条的基础上，增进产业链条之间的融合，形成企业以及各主体间协同合作的互动提升局面及完善的湖区布局结构，充分形成并利用湖区的集群优势，进一步提升湖区在世界范围内的地位与品牌影响力，创世界著名湖区。本阶段为湖区辐射带动阶段，即"创一流"。

从企业方面来看，淀山湖区各主导产业应引进1~3家龙头企业，培育或引进100~200家中小企业，并培育1~2家上市公司。以2019年为基准年，保持湖区年均30%的增长速度。

三、发展路径

总体来看，淀山湖区域商务服务业的发展路径可以概括为以下四个方面：

1. 发挥湖区优势，大力引进龙头企业

充分发挥淀山湖区域长三角区域一体化示范区建设、国家会展中心完善、交通运输条件便利、主导产业基础较好、品牌形成与提升等优势，大力引进会展设计、文化旅游、商务咨询、园区/商业综合体管理、供应链管理产业中的龙头企业。

2. 利用龙头企业集聚效应，纵向延伸产业链条

形成淀山湖区内每一个主导产业以及主导产业中的关键环节均有相关龙头或核心企业带动的产业化经营格局，利用龙头或核心企业发展壮大的品牌效应及其对配套服务的需求，吸引产业链相关环节配套企业入驻湖区，向上游和下游不断加宽和拉长延伸产业链条。

3. 优化商务服务业内容，提高产业链价值

在完善商务服务业产业链条的同时，持续优化产业内容，推进产业链不断向高端环节转型升级，基于价值链的视角对产业发展进行倾向性支持和引导，提高各产业链的价值。

4. 以产业集群推动湖区发展，形成世界著名湖区品牌

依托青浦国家会展中心、淀山湖这两大地理坐标以及长三角一体化示范区这一特定区域发展概念，形成各主导产业业态协同发展、互促共生的局面，并将区域品牌同产业品牌、企业品牌有机结合，形成品牌联动体系，不断丰富品牌内涵、扩大受众群体、拓展宣传渠道，形成在世界范围内的品牌知名度和美誉度。

第五章 淀山湖区商务服务业
发展战略任务与实施

在明确淀山湖区"1+1+3"主导产业即会展、旅游、商务咨询、供应链管理、园区/商业综合体管理的基础上，从具体产业发展定位及其发展战略等方面对商务服务业中的五大具体内容进行深入分析。当然，每一类具体产业的发展都应当遵循所确定的总体发展思路。

第一节 会展业发展定位与战略

一、会展业发展定位

1. 会展业价值链

会展业各产业环节的价值主要表现为展示的商品化，包括展示主体即参展商的商品化、展示体验主体即观众的消费和体验商品化、展示空间商品化、展示期间聚集信息商品化、展示人流聚集形成的广告和赞助商品。展示商品化为会展业带来的直接收入包括四个方面：一是展示空间及其物业运作产生的增值盈利；二是会展策划、组织等服务产生的增值盈利；三是广告、赞助费和转播费；四是品牌增值所产生的盈利。可见，会展业创造的价值不仅取决于主办方，而且还取决于参展商和观众，形成了以会展策划与组织服务为中心的服务价值（见图5-1）。

价值主线：会展策划与组织服务

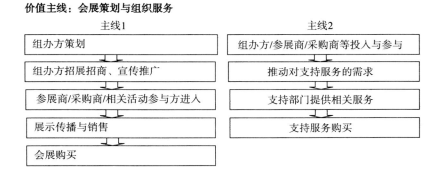

图5-1　会展业价值主线

资料来源：李勇军. 会展产业价值链及其组织网络构成［J］. 广东行政学院学报，2016（8）：75-80.

从会展产业链的内容分布来看（见图5-2），会展产业的上游环节是引领会展业升级的关键，在会展主导产业中需要将会展设计策划定位于核心内容，建设综合会展平台，发展世界知名的会展设计基地。

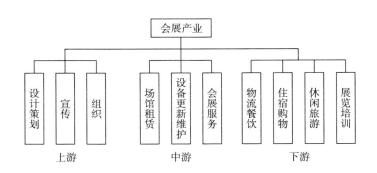

图5-2　会展产业链

资料来源：作者整理。

淀山湖区所围绕的上海国家会展中心是集展览、会议、办公及商业服务等功能于一体的会展综合体，会展数量、面积等均处于全国会展前列。从产业链分布

城市湖区商务服务业发展战略研究

来看，湖区会展主要集中于产业链中游的展馆经营，并向下游会展综合配套服务延伸，但会展产业链上游的设计策划相对薄弱。因此，淀山湖区应充分认识到会展设计附加值高、占地面积小、经济效益大、区域经济带动力强等特征，大力引入会展设计企业，完善并优化会展业产业链，避免与其他地区在产业链中下游进行恶性竞争。

2. 会展业发展态势

在高质量发展背景下，会展业不仅关注展会数量，更加重视展会活动的影响力、产业融合程度、创新能力等。

（1）展会活动影响力将不断提升。从全国各区域会展发展情况来看，华东、华南、华北在展览数量和面积方面较为发达，其他的华中、东北、西南、西北等地则较为落后（见表5-1）。其中，上海、广东和山东办展数量和面积均位居全国前3强，办展数量占比分别为19.5%、13.3%和9.5%（见图5-3），办展面积占比分别为20.6%、21.1%和7.6%。可见，上海举办展览数量最多，在办展面积上也仅略低于广东省。同时，办展机构的专业化、国际化、品牌化、信息化将成为发展的重要方向，各省市会更为注重展会的设计策划，提升其品牌影响力、市场辐射以及拓展力度。

表5-1　2018年度中国各区域会展业发展相关情况

项目	地区						
	华东	华南	华北	华中	东北	西南	西北
年度办展数量（个）	1706	564	490	330	327	234	142
年度数量占比（%）	45	14.9	12.9	8.7	8.6	6.2	3.7
数量较上年度增幅（%）	16.1	-3.3	-19.5	0.3	37.4	-19.6	-0.7
年度办展面积（万㎡）	5312	2877	1525	999	703	1182	428
年度面积占比（%）	41.02	22.22	13.01	6.72	6.19	7.2	3.6
面积较上年增幅（%）	4.5	17.1	10.5	-12.9	13.9	-21.1	10
年度区域内办展城市数量（个）	57	17	20	10	8	9	9
举办50个以上展览城市数量（个）	9	2	1	3	3	2	1
举办100万㎡以上展览城市数量（个）	11	5	4	3	4	3	1

资料来源：《中国展览经济发展报告（2018）》。

· 102 ·

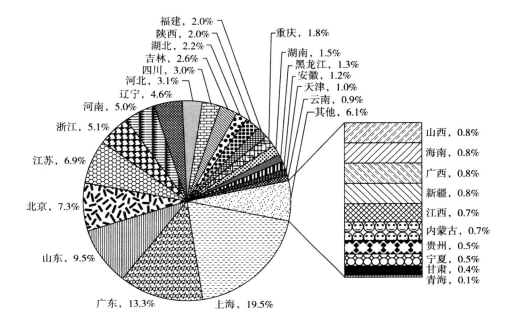

图 5 - 3　2018 年中国各省市自治区展览数量占比分布

资料来源：《中国展览经济发展报告（2018）》。

（2）"会展 + X"产业融合程度逐渐加深。会展业作为第三产业中商务服务业的重要内容，其发展须以区域内第一、第二产业的发展水平为基础。一般情况下，地方 GDP 总量与当地会展业的发展会呈现出正向关系。并且，会展业会对当地经济的协调和高质量发展产生积极影响。但是，如果会展业与地方的第一、第二产业不能协同发展，融合度不高，即便有较高的 GDP 总量也会阻碍会展业的发展。因此，在将来进一步的发展中，各地会充分发挥区域经济、产业集群、地理特色、交通、气候、旅游资源等比较优势，使其与会展业的发展有效融合、深度链接。同时，展会活动的组织主体也将更有效地调动城市交通运管、媒体传播、平台宣传、旅游部门、文化部门等在内的公共服务系统相关机构融入会展活动的组织运作过程，从而提高会展专业质量、打造良好的社会影响力。

（3）创新将成为会展业发展的重要导向。一是理念创新。"绿色、低碳、可持续"的理念将成为会展业各个环节的共识和行动，绿色会展标准体系将得到不断完善，绿色展具的研发设计和生产会受到重视。会展场馆更多地成为具有展览展示、论坛会议、餐饮住宿等多功能的综合体。二是题材创新。区域一体化、智慧城市、"一带一路"、进口博览会等为会展提供了多样化的主题，在"十四五"规划时期，战略性新兴产业的进一步发展将会为会展业带来更多新颖的题材。三是服务创新。信息技术的不断发展将推进会展业的信息化建设，拓展会展服务领域，延伸会展服务手段，提高会展服务效率。同时，利用互联网技术深入分析目标受众，提供精准定制服务，提高展会质量和实际交易成效。

二、会展业发展战略

总体来看，淀山湖区会展业的发展应当围绕打造淀山湖"世界著名湖区"的目标，以良好的交通区位优势、产业优势和会展硬件设施为依托，以市场需求为导向，对接国家会展中心，坚持政府推动与市场运作相结合，整合资源，扩大规模，强化特色，打造品牌，着力培育会展经济产业链，促进淀山湖区会展业健康快速发展。逐步建立"政府引导、企业主体、市场运作"的会展经济运作机制，基本形成运作高效、设施完善、服务优质、效益明显的会展经济产业框架。

1. 战略方向

从会展业发展的战略方向来看，应关注以下五个方面：①会展设计策划等上游引领性环节。通过政策引导、市场推动等，将引进、培育会展设计策划企业作为重要的发展方向，形成湖区会展经济的独特品牌与竞争优势。②会展业的相关产业融合。一是由品牌化、规模化的会展公司整合各种会展运作，实现会展业自身的融合；二是将会展与其他产业相融合，包括酒店和餐饮业、旅游业、体育业、媒体业、文化产业等。③会展业的区域带动。充分利用淀山湖区的优势资源以及长三角区域一体化示范区的建设机遇，拓展会展价值链的商业价值，并从策划层面提升区域的市场辐射力。④会展业的品牌化发展。加强会展业服务运作模式的专业化水平，针对不同规模、不同行业种类的展览提供专业化的服务，大力发展展览专业教育，从多方面提高湖区的会展品牌。⑤会展业的国际参与度。积极鼓励国外资金、技术、管理人员进入中国展览市场，同时，拓展营销渠道，塑造中国展览的国际形象，配合实施"一带一路"建设及多双边和区域经贸合作，提高会展业国际参与度。

2. 战略任务

具体来说，淀山湖区会展业发展包括以下战略任务：①完善设施配套。引导现有酒店加大会务设施配套升级；发挥剧院、艺术中心等社会场馆的会务功能；鼓励农家乐、休闲农庄等场所配置设施；推进城市星级商务酒店建设，引进湿地酒店、湖畔酒店、生态酒店、特色古镇文化酒店等主题酒店项目，打造若干会议综合体；完善高星级酒店及各类会议场馆周边的交通、指示、卫生、安全、绿化等综合环境。②突出功能分类集聚。制订品牌培育行动计划，打造功能完善、布局合理、特色鲜明、错位发展的重点会展相关产业区块，如高档度假集聚区、生态养生集聚区、商务休闲集聚区、商务创业集聚区、湖区体验旅游集聚区，有计划、有步骤、分阶段推进"淀山湖国际都市会客厅""世界著名湖区"等品牌培育工作。③拓展市场渠道。突出企业主体作用，鼓励星级酒店、旅行社、会务公司等利用推介会、旅交会、团拜会、招商会等平台，赴南京、杭州、宁波等重点市场和北京、广州等会议资源丰富的城市进行主题推介；加强企业互动，建立会议合作联盟，进行资源共享、信息互通、分工合作，形成整体合力；积极与市外会务公司（中介机构）、旅行社、行业协会等建立深度长期合作机制；重视会展营销，积极与上级对口部门、市内外大企业、大集团联系，提供会议信息，引进各类会议。④丰富产品内涵。以商务活动为基础，加强其旅游资源整合，按照"会展＋采摘""会展＋景点""会展＋购物""会展＋休闲"等模式，精心设计若干特色会展旅游线路，形成以会展带动旅游，以旅游促进会展的良性互动模式。加强区域资源整合，主动融入虹桥商务区与华东旅游线，积极与上海市区及周边城市合作，策划包装"会在青浦区，游在淀山湖"的会展旅游产品，实现借力发展。⑤提升服务水平。加强会展相关产业从业人员的教育培训。引导各类企业品牌化、规范化、连锁化经营，提升企业实力，加快转型升级；鼓励企业依托现有基础和优势，成立专业会展服务公司；引进上海市内外大型会展机构来淀山湖设立分公司或合资合作企业；对市内新设立的会展公司，以及市外知名品牌会展公司在青浦区注册的独立法人公司或合资合作公司，给予税收等政策方面的优惠。⑥加强宣传推介。精心设计"淀山湖国际都市会客厅""世界著名湖区"

品牌形象及宣传资料。充分利用电视、报刊、杂志、网站等主流媒体，大力度开展会展及旅游等相关产业的宣传营销。在区政府网站及主要旅游网站上设立会展旅游专门板块，并与各相关企业联网，构建高效、通畅、开放的"智慧会展"信息互动平台。

3. 战略重点

①立足会展设计产业。集聚会展产业链上游，承接长三角区域会展设计策划、宣传与组织等业务，把握价值链高端，避免在会展业中下游陷入低端竞争。②立足有市场打造会展活动品牌。紧密结合淀山湖区乃至长三角区域优势产业基础，如高端智能制造、生物医药、生态环保、智慧城市等，选择特色会展发展方向，打造特色会展品牌。③立足会展全产业链优化。逐渐向会展产业链中高附加值环节延伸，带动会展旅游、会展培训、会展信息服务等相关产业发展，提高会展业经济发展的带动能力，撬动区域经济发展。

第二节　旅游业发展定位与战略

一、旅游业发展定位

《上海市城市总体规划（2017－2035年）》《上海市青浦区总体规划暨土地利用总体规划（2017－2035）》《上海市青浦区淀山湖地区风貌规划》等，明确了淀山湖战略协同打造"世界级湖区"的目标定位，并着力发挥淀山湖在生态、空间、人文、成本等方面的优势，力争到2035年形成具有国际影响力的世界湖区品牌，这一目标将进一步促进湖区在旅游产业领域的发展。

1. 旅游业价值链

对旅游业价值链的分析基于对旅游经济特点的认识，旅游产业主要包括旅游核心产品产业（景区、景点的游览）、旅游相关产品产业（住宿业、餐饮业、交通运输业、娱乐业、旅游辅助服务业等）、相关产品组合的产业（旅行社、旅游代理商、旅游产品批发商）、旅游产业的营销与推广（旅游者等）。作为旅游产品的提供方，旅游供应商将景点游览、住宿、餐饮、购物等活动提供给旅游运营商，由其将零散的服务进行整合，并通过旅行社最终将产品提供给消费者（Romero I & Tejada，2011）。其中，运营商类似于批发商，旅行社类似于零售商。另外，按照旅游者产生需求—旅行社组织—通过交通工具到达目的地这一实际流程，旅游价值链的结构被分解为旅游者、旅行社、旅游交通和旅游目的地四个部分（谭林和李光金，2001；周玲强和陈志华，2003）。但总体来看，旅游价值链仍是由供应商、中间商、消费者三个要素构成（黄继元，2006）。可见，旅游产品等资源供应商是旅游业链条的上游，旅游运营商、旅行社等中间商是中游，媒体、消费者等是下游。同时，伴随在线旅游（Online Travel Agency，OTA）的发展，旅游产业链的中游环节基本是由在线运营商发挥组合及分销的作用。由图5-4可知，其上游是丰富的旅游资源，为消费者提供旅游产品及服务，下游是广大的消费者，为旅游资源方导入客流，旅游资源的丰富度以及消费者需求的多样性决定了OTA行业的业务范围、市场规模、商业模式。

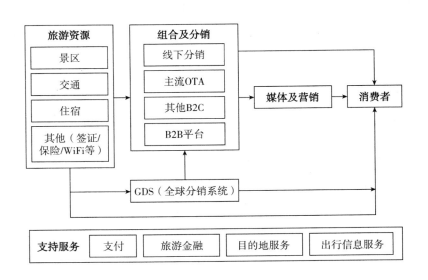

图5-4 在线旅游（OTA）产业链

资料来源：艾瑞咨询。

从价值角度看：①在产业链上游，交通领域的航空公司与中国铁路对资源的掌控力强，在线机票预订在整体 OTA 中占比最高，2017 年达到 57.5%，但由于高铁网络不断完善，消费出行方式的选择更加多元化，目前中国在线机票市场增长速度趋缓，占比呈下降趋势；在线住宿预订的交易规模在 OTA 中占比为20.1%，这是由于住宿业务资源方分散度高，是代理与批发模式并存的局面。②在产业链中游，OTA 起源于 GDS，OTA 主要从事 to C 业务，直接服务于消费者；而 GDS 专注于 to B 业务，服务于公司型客户。2002 年以来，OTA 进入整合集成期，OTA 业务高度同质化使得并购扩张成为重要的市场占有率提升方式。③在产业链下游，旅游消费需求持续走高，从人次来看，全球入境游人次从 1995年的 5.2 亿增长到 2017 年的 13.4 亿，增长将近 2 倍；从收入来看，国际旅游收入从 1995 年的 4849 亿美元增长到 2017 年的 15260 亿美元。伴随着旅游者的消费升级，旅游产业整体景气度上升。

2. 旅游业发展态势

第二次湖泊资源调查结果①显示，中国现有湖泊 2 万余个，面积在 1 平方千米以上的湖泊有 2693 个，约占国土总面积的 0.9%。国务院目前公布的 9 批共244 处国家级重点风景名胜区中，以湖泊为主要相关内容的共计 51 处，占比高达20.9%。上海青浦区位于"沪湖发展廊道"的关键位置，是中国首批水生态文明建设试点城市，从湿地在上海市的行政区域分布来看，青浦区与崇明县、浦东新区共三个区县湿地面积占全市湿地总面积的 91.3%，是上海市湿地资源的集中分布区。在建设"世界级湖区"目标的指引下，青浦区将形成融合文化、生态、休闲等功能的战略空间，在旅游资源和开发模式等方面具有代表性，可以推进环淀山湖地区协同发展、联动开发，以建设世界级生态旅游度假区。

（1）淀山湖区域旅游资源现状。根据《旅游资源分类、调查与评价》（GB/T18972—2003），淀山湖区共涉及旅游资源单体 288 个，涵盖了水域风光、遗址遗迹、建筑与设施、生物景观、旅游商品、人文活动 6 个主类，景观资源丰富（见表 5 - 2）。

---

① 资料来源：第二次全国湿地资源调查结果，国家林业和草原局 2014 年 1 月 13 日。

表5－2　淀山湖区域旅游资源情况

主类	数量（个）	占比（%）	实体旅游资源数量（个）	占比（%）
水域风光	24	8.3	24	14.0
生物景观	15	5.2	10	5.9
遗址遗迹	44	15.3	10	5.9
建筑与设施	159	55.2	127	74.2
旅游商品	18	6.3	—	—
人文活动	28	9.7	—	—
共计	288	100	171	100

资料来源：叶逸含. 利益相关者视角下的湖泊旅游可持续发展评价研究——以淀山湖为例［D］. 华东师范大学硕士学位论文，2019.

（2）旅游开发模式渐成特色。从范围上看，湖泊旅游可以分为三个层次，即湖面旅游的核心层、湖滨观光休闲运动的周边层、环湖观光带的扩散层，并形成了观光旅游、综合旅游、度假旅游及休疗养、体育训练及水上运动四种开发模式（周玲强和林巧，2003）。基于旅游地生命周期，也可以按照自然状态发展、水产养殖与旅游业相结合的湖泊资源利用、旅游与城镇互动发展三种模式来进行。由于淀山湖区域具有国家会展中心等优质会展业资源，湖区将能够充分依托会展业，围绕会展旅游的重要内容形成品类多样、形式丰富的旅游产品，也将会形成更具特色的旅游开发模式。

（3）城市智能化推动旅游产业价值链优化。借助2009年美国IBM公司提出的"智慧地球"战略构想，智慧城市建设也成为城市发展的规划目标，但这仍然是一个较长期的目标，在此之前，至少需要经历城市的信息化、智能化两个发展阶段。城市智能化对于旅游产业的影响，表现为现代智能技术和旅游产业相融合，使得旅游城市服务更加友好，游客体验更加现代化和实时化。从宏观层面看，智能化将提高旅游产业中的知识与科技含量，促进旅游产业的转型升级；有利于创新旅游产业的盈利方式，增加产业附加值。从微观层面看，智能化过程中的科技、人文关怀将影响景区开发的目标和理念，提升景区在产业价值链中的地位；有利于对政府、旅游企业、游客等多主体进行智能化管理，提高旅游产业的综合竞争力；有利于促进旅游服务升级，改善旅游者的消费行为（彭丹等，2019）。

（4）旅游产业的综合性驱动力。以文化为核心、旅游为基础，文化旅游业形成了独特的市场运作逻辑，并具备了五个方面的驱动力：一是内容驱动力，通过故事收集写作、品牌形象塑造、产品研发推广、企业文化培育等建构产业链，形成文化旅游产业的核心要素；二是技术驱动力，互联网技术的发展将进一步推动文化旅游的发展并与之相融合，电商平台、履行社交平台、新媒体等从多方面赋予文化旅游产业更广阔的发展空间；三是品牌驱动力，持久而有力的品牌战略将表现为提高游客的文化认知，激发市场的消费需求，增强消费者文化体验的吸引力；四是传播驱动力，文化旅游将基于内容、技术、品牌形成综合传播效应；五是企业驱动力，文化旅游产业中各企业提炼旅游文化资源的能力、培育核心文化品牌的能力、开发优质文化产品的能力、整合多种新媒体平台的能力将成为提高产业竞争力的重点（陈少峰等，2018）。

二、旅游业发展战略

在湖泊旅游业的发展中，政府部门、相关企业、当地社区、压力集团对其可持续发展带来依次递减的影响。其中，政府部门即文旅、环保、经济、水利交通管理部门，特别是文旅和环保部门发挥了主导作用；相关企业即旅游经营企业、城市供水机构、上下游用水企业，特别是旅游经营企业对旅游发展会有显著的直接影响；当地社区中无论是否以湖泊为生计的当地居民都会带来相应的影响，但尤其是不以湖泊为生计的当地居民在旅游环境、文化氛围等方面更能产生作用；压力集团即旅游从业者、旅游者、旅游金融机构，特别是旅游从业者和旅游者具有更加密切的影响关系。因此，从战略方面考虑要做到两点：

1. 处理好三类关系

从湖区旅游的相关主体来看，其利益相关者主要由四类主体构成，即政府部门、相关企业、当地社区和压力集团（见表5-3）。因此，应当重点处理好以下三类关系。

表 5 – 3　湖区旅游利益相关者

序号	利益相关者	类别	命名
1	经济管理部门	1	政府部门
2	文旅管理部门		
3	环保管理部门		
4	水利交通管理部门		
5	城市供水机构	2	相关企业
6	上下游用水企业		
7	旅游经营企业		
8	以湖泊为生计的当地居民	3	当地社区
9	不以湖泊为生计的当地居民		
10	旅游从业者	4	压力集团
11	旅游者		
12	旅游金融机构		

资料来源：叶逸含. 利益相关者视角下的湖泊旅游可持续发展评价研究——以淀山湖为例［D］. 华东师范大学硕士学位论文，2019.

（1）政府与旅游相关企业的关系。一是出台旅游金融政策，激发市场主体活力。包括发行地方旅游发展基金、旅游发展专项基金、政策性银行贷款补贴、PPP 模式等，进行公共服务设施和旅游基础设施建设。并且，通过设立旅游投融资平台公司，将部分旅游资源进行资产证券化，引导创业投资基金、私募股权等进行投资。二是明确企业社会责任，激发可持续发展意识。包括完善企业履行消费者权益、环境保护、劳动保障等方面的社会责任法规制度，建立企业履行社会责任信息披露机制，并建立奖励激励制度。三是围绕"世界级湖区"的核心定位，对朱家角滨湖片区、中部滨湖片区、大观园片区进行功能区分和分级定位，盘活环湖地区的存量资源，促进环湖地区空间全面优化和功能全面提升。

（2）政府与当地社区的关系。一是构建"政府—企业—社区"联动机制，赋予社区参与旅游开发的权力，在门票构成中增设社区旅游资源补偿费，并且以旅游资源入股，赋予景观资源资产性，提高社区居民保护旅游资源的积极性；二是完善环境保护机制，加快淀山湖污水处理设施建设，根据环境承载能力适度开发相关资源，加强旅游污染控制，并建设预警应急体系。

（3）政府与旅游从业者的关系。一是完善相关政策，包括完善和落实就业创业政策、扶持企业吸纳和促进就业政策、推进公共就业服务体系建设的政策；二是完善人才引进和培训机制，采取"培训为主、引进为辅"的方针，解决高端引领人才和重要岗位特殊人才紧缺的问题。

2. 开发文化旅游产业链

沿袭文化旅游产业不断创新发展的趋势，相关企业应当从以下五个方面对产业链进行开发：①增强品牌意识。深入挖掘文化基因，增加与其他主导企业之间的融合度，提高文旅产品与游客之间的黏性。以 IP、品牌形象、互联网平台等轻资产为中心，推动产业链的延伸开发，实现消费品增值。②丰富产品内容。利用淀山湖区域丰富的自然与人文景观资源，开发多层次体验式旅游项目，有效延长游客目的地停留时间，扩展二次消费收益。③构建全产业链。开发系列衍生文化产品，尤其注重将淀山湖区域特色融入文化产品中，并延长相关产业链，涵盖食品、娱乐、教育等领域，打造以文化内容为核心的全产业链经济。④加强垂直式精准营销。针对特定消费群体如家庭游客、青少年游客等，通过前期信息资源，精准地设计文化旅游产品，提高营销成效。⑤重视新媒体宣传。注重线下体验式旅游中消费者在各类新媒体中所释放出来的口碑效应，鼓励游客通过互联网共享满意的文化旅游体验，形成网络宣传效果，增强市场知名度（陈少峰等，2018）。

第三节　商务咨询业发展定位与战略

一、商务咨询业发展定位

1. 商务咨询业价值链

商务咨询的意义即为个体或组织提供问题解决方案并创造价值。对于咨询业而言，其价值在于帮助企业等客户解决核心问题、转移相关知识与技能、传播创新的和适用的管理理念、整合良性冲突。相对于非营利性政府决策咨询业来说，商务咨询业主要是面向市场的。总体来看，商务咨询业的产业链包括上游的基础分析、中游的战略决策、下游的推进实施三个环节（见图 5-5）。

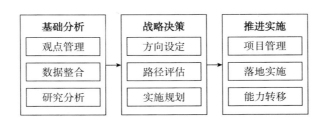

图 5-5　咨询业价值链

资料来源：http：//www. 360doc. com/content/19/0615/22/13664199_ 842687749. shtml。

上游的基础分析主要涉及观点管理、数据整合、行业研究分析等业务。其中，观点管理环节的业务模型是整合行业专家网络资源，通过对接平台按需提供专家支持，分享行业见解；解决的问题是：这是一个什么样的行业、领域或市场？数据整合环节的业务模型是基于连续市场监控数据及业内人士访谈，提供关于市场现状和趋势的深度分析；解决的问题是：这个市场的现状如何？未来将怎样发展？研究分析环节的业务模型是基于确定问题，选择合理样本和研究、分析方法并整合行业分析，系统发掘市场机会；解决的问题是：谁是核心客户？有什么需求？能形成多大潜力？

中游的战略决策主要涉及方向设定、路径评估、实施规划等业务。其中，方向设定环节的业务模型是以市场分析和内部诊断为基础，综合既往项目经验，通过逻辑分析确定关键战略导向；解决的问题是：市场趋势如何？自身问题在哪里？未来走向何方？路径评估环节的业务模型是基于路径条件，构建预测模型，估计关键参数，最终量化评估可选路径的收益与风险；解决的问题是：走哪条路更适合自己？为什么？实施规划环节的业务模型是基于已有经验和业务理解，分解既定战略目标、资源及责任，构建项目的具体推进计划；解决的问题是：如何确保既定的目标真正实现？

下游的战略决策主要涉及项目管理、落地实施、能力转移等业务。其中，项目管理的业务模型是以项目管理、经验和工具为基础，以沟通协调为手段，帮助客户推动项目目标最终达成；解决的问题是：自身缺乏能力，怎么推动转型？落地实施的业务模型是从需求分析开始，通过搭建系统架构，进行模块设计和应用测试，确保管理平台最终上线；解决的问题是：如何将商业和管理平台落地？能力转移的业务模型是基于在理论、实践、技巧和工具上的积累，通过培训的方式实现知识和技能的转移；解决的问题是：如何完成人的思想、态度、能力和效率的转变？

2. 商务咨询业发展态势

自 18 世纪末咨询业在英国诞生以来，全球各个国家和地区在咨询业中形成了相应的特色，例如英国在国际组织方面、德国在工程技术方面、美国在企业管理方面、日本在产业情报方面都各自具有明显的优势（徐超，2017）。世界咨询业投资的平均比例是 7.57%，很多西方国家都超过了这一平均值，而中国只有 3%，国内咨询行业的发展规模受限，专门机构的宏观管理和统一规划不足，相应的法律法规和行业标准不完善，从业人员整体素质和服务水平较低（黄秀英，2016）。不过，据国外研究机构预测，2020 年中国管理咨询市场将达到 2500 亿元，从而成为全球十大咨询市场之一。进一步地，商务咨询业的发展态势可以从以下四个方面进一步了解：

（1）从业务类型看，在传统咨询业务萎缩的同时，新型的咨询业务市场也在逐渐扩大。例如，国家发展改革委和国家财政部力推的 PPP 项目咨询、投融资咨询、应对气候变化、商务部援外项目的咨询等，市场规模均具有较大的发展。同时，各具体咨询业务内容也有融合的趋势。例如，产业规划和空间规划是两种不同的咨询内容，在相当长的时间里，两类咨询服务是由不同专业的团队进行提供，在多规合一的要求下，经常造成产业规划的内容与空间规划的内容相脱节甚至相背离的局面。目前，已有团队能够整合两类咨询服务的相关资源，在规划设计阶段进行充分的合作交流，从而提高规划内容的科学性和适用性，这也将成为未来商务咨询业发展的特征之一。

（2）从区域范围看，随着事业单位改制的推进和民营咨询机构的发展，地域界线越来越模糊，咨询机构向省外开拓业务成为大势所趋，咨询行业的从业区域范围已经面向全国。此外，随着中国"一带一路"倡议等国际合作的深入开展，咨询机构应积极开拓国际业务，可以从中国政府对外援助项目和国内企业在国外的投资项目着手，逐步介入国际咨询业务。此外，商务咨询业从明确的问题解决式服务向长期的跟踪定制式服务进行发展，既可以为企业等机构提供发展的全程咨询服务，定期为服务对象提供信息反馈和咨询建议，也可以长期和深入地了解服务对象的发展情况，能及时为企业等提供有价值的信息，并且在问题产生之前就可以进行具有针对性的指导。

（3）从技术层面看，进入移动互联网时代之后，大数据、物联网、云计算、人工智能等对传统咨询业服务方式带来了挑战。咨询的业务模式和盈利模式从"以管理咨询为主"转向"以管理大数据为核心，结合'互联网＋'与'人工智能，实现'平台＋内容＋定制'的模式，实现管理大数据、研发、咨询、培训互相融合、互为支撑"。随着人工智能的应用，可以实现客户"半自助咨询"以至"自助咨询"（王吉鹏，2018）。借助互联网技术，咨询业务可以提供远程服务，大大减少实地调研的时间和成本，提高咨询服务的效率和效益。对咨询行业而言，数据已经成为企业重要的战略资源，是强劲的业务价值驱动力，未来 5～10 年将会重塑整个行业的竞争规则和格局。

（4）从制度上看，中国各级政府正在积极推进智库建设。党的十八届三中全会通过的《中共中央关于全面深化改革若干重大问题的决定》明确提出，加强中国特色新型智库建设，建立健全决策咨询制度。政府是咨询机构重要的业主之一，随着政府决策科学化、法制化、民主化要求的提高，智库逐步融入到国家决策的开放性平台之中，成为中国政府决策体制的一部分。咨询机构应抓住历史机遇，重视专业化智库建设，为国家经济建设和深化改革提供智力支持（肖红亮，2017）。

此外，就上海市咨询企业的空间分布方面看，依据《第二次经济普查企业数据库》《第三次经济普查企业数据库》相关数据，咨询企业在第三次普查时新增数量约为 65%，表明咨询企业的存续时间相对较短，并且新增企业超过 1/3 分布在远郊区域（34.3%），企业向外扩散趋势明显。分布于近郊区域的数量最少，占比为14.8%，而在核心区与中心区①的占比分别为18.3%和32.6%。可见，新增咨询企业的空间分布更为分散。分区来看，青浦区新增咨询企业位居全市前列，达到940家（第二次经济普查时仅252家），其中，青浦区的香花桥街道②新增企业为315家，占比3.2%，排名全市第2位，青浦已经成为咨询企业重要的布局区域。

二、商务咨询业发展战略

1. 发展思路

商务咨询业的发展思路包括以下几个方面：转变观念、找准重点、扩大开发、培育人才、有序发展。

（1）转变观念，加大政府扶持力度。坚持政府主导力、企业主体力和市场基础力"三力合一"，提高发展中介服务业对促进淀山湖区经济社会持续发展作用的认识，转变传统观念，发挥市场配置资源的作用，采取积极的税收、财政、地产政策，培育多元投资主体和竞争主体，营造中介咨询服务业良好的发展环境。

（2）立足青西，找准发展重点。商务咨询业的发展也应当从淀山湖区水源保护区、水文化与古镇文化承载、"长三角"交汇中心、虹桥商务区与国家会展中心对接的实际出发，借鉴国际先进理念，改造、提升传统商务服务业，大力发展新兴商务咨询服务业。

（3）扩大开放，提高竞争能力。抓住上海青浦建设成为国际会展中心的机遇，充分发挥淀山湖区现代服务业的发展空间，加快对外开放的步伐，大力引进并吸收国际知名商务咨询服务机构的先进理念、管理经验和资本，提升整个行业

---

① 本书将位于内环内的陆家嘴街道、潍坊新村街道与黄浦区、静安区划分为城市核心区，将杨浦、虹口、长宁、徐汇、普陀五区划分为城市中心区，将闵行、宝山、浦东其他街道划分为城市近郊区，将奉贤、金山、松江、青浦、嘉定五区划分为城市远郊区。

② 香花桥街道位于青浦区南端，东靠虹桥综合交通枢纽，辖区内有市级工业园即上海青浦工业园区。截至2018年底，园区内共有实地型企业约2000家，亿元以上产值企业156家，世界500强企业23家，行业龙头企业近200家，50多家地区总部、研发中心，精密机械、电子信息、新材料、新生物医药四大产业项目集聚此地。

的水平和档次。

（4）培育人才，确保越做越强。形成"人才强区"的战略共识，进一步完善用人、育人、引人三个环节的人才政策，构筑商务咨询业的人才高地，使大批具有高级职称、业务能力强、客户资源丰富的商务咨询人才在淀山湖区创业，使淀山湖区的商务咨询服务企业越做越强。

（5）健全法制，保障有序发展。借鉴各地经验，加快制定和完善规范商务咨询服务业发展的法律法规和配套政策，主动适应国际惯例和规则，完善信用体系，营造商务咨询服务业发展的法治环境。

2. 战略任务

根据淀山湖区的区域定位、商务咨询行业的发展特点，淀山湖区在商务咨询服务业中重点发展以下核心产业，并确保其量与质的大幅提高。

（1）生产性咨询服务业。生产性咨询服务业是指为生产企业提供融资、担保、产权交易、技术交易、劳务和人才中介、生产资料经纪、货运代理等咨询服务的行业。上海在提升先进制造业发展的过程中，需要重点发展大量高效优质的生产性咨询服务业，帮助其理顺流通环节，降低交易成本，提高管理水平，促使其走上专业化、规模化的发展轨道。

（2）旅游商贸咨询服务业。旅游商贸咨询服务业主要是指各类商品交易、会展服务、旅游集散等中介咨询服务行业。淀山湖区的旅游商贸业近年来持续增长，并成为淀山湖区发展特色经济的重点行业，为促使其健康稳步快速发展，湖区必须大力发展与其相配套的、能有效提供信息交流和整合功能的旅游商贸中介咨询服务业。

（3）招商引资咨询服务业。招商引资咨询服务业主要是指提供各类招商引资服务的行业。在上海建立四个中心、发展"四新"经济的背景下，面临经济全球化和经济稳步发展的未来趋势，淀山湖区也将迎来招商引资的新机遇。为进一步加大湖区招商引资力度，必须大力发展具有提供国际公共服务、专业政策咨询和高效率审批代理服务等功能的招商引资咨询服务业，培育一批专业性强、综合素质高的招商咨询服务企业。

（4）经济鉴证咨询服务业。经济鉴证咨询服务业主要是指提供会计、资产评估、认证、鉴证、检测检验等专业性分析、测评和评定服务的行业。为进一步改善淀山湖区投资环境，规范经济鉴证行为，帮助企业提高管理水平和诚信度，湖区应努力培育一批区域性的经济鉴证权威机构。

（5）法律咨询服务业。法律咨询服务业是指提供咨询、调查、诉讼、公证、审查和出具法律意见等专业性服务的法律事务中介咨询服务的行业，主要包括律师业和公证业。为进一步规范市场经济的发展，推进依法行政和增强人民群众的法制意识，淀山湖区应重点发展能在政府决策、解决企业经济纠纷、改制上市、知识产权保护及个人消费维权等方面提供法律咨询服务的行业。

（6）知识密集型咨询服务业。知识密集型咨询服务业是指能为政府、企业和个人提供智能型高端服务的行业。这些咨询服务业文化含量高、专业技术强，侧重于提供研发、设计、策划类知识密集型服务，能向社会提供高附加值，高层次和知识型的服务，对于促进淀山湖区域产业升级和加快经济增长方式的转变具有重要意义。

（7）生活急需型咨询服务业。生活急需型服务业主要指提供理财、医疗、教育等服务的行业。这类咨询服务业的发展对于提高居民素质、改善居民生活质量、促进社会可持续协调发展具有重要意义，有助于淀山湖区吸引和留住核心企业及相关人才。

（8）协调型咨询服务业。协调型咨询服务业主要包括行业协会、商会、同业公会等行业自律组织。此类咨询服务业在保证行业正常发展、壮大，共同对外竞争等方面具有不可替代的作用。淀山湖区应大力发展行业协会、商会和同业公会等行业自律组织，促使其真正成为独立的市场主体。

3. 战略实施关键

（1）建立稳定的制造业联结。商务咨询服务必须围绕制造业提供其发展所需的服务内容，积极拓展商务咨询服务企业与相应制造企业的合作关系，并对业务合作关系进行固化和优化，形成稳定的链条互动态势。

（2）打造注重合作的商务咨询服务业集聚区。在淀山湖区各咨询企业之间形成基于服务内容、服务规模等的合作关系，延伸商务咨询服务集聚区内部的业务合作链条，形成咨询服务的整体优势，提高产业链竞争力。

（3）发展电子商务链接模式。借用知名的第三方电子商务平台做电子商务链接，更好地了解市场需求信息，与客户进行顺畅的信息沟通，及时找到更有竞争力的产品和更有开发潜力的客户，提高中介服务的效率和业绩，最终打造定制化电子行销平台。

（4）推进体制机制改革。通过市场机制淘汰部分低端咨询企业，促进咨询服务选择过程远离政府行政权力的影响，促进市场机制在咨询行业的资源配置中起决定作用。需求咨询服务的业主完全自主选择有相应实力的咨询单位，促进在市场竞争中处于优势的咨询服务机构做大做强，低端咨询企业通过市场机制逐渐退出。

（5）培养并激励咨询专业人才。质量是咨询服务的灵魂，是企业的核心竞争力，咨询机构作为智力服务提供者，自身应当积极培养工程咨询专业人才，特别是国际化人才。同时，合理的管理制度也是咨询机构提供高质量咨询服务的重要保障，包括质量控制制度、经营管理制度、薪酬制度和绩效激励制度等。

（6）适应"互联网＋"发展新环境。一是重视"互联网＋"对咨询业的影响和冲击，及时采取措施鼓励咨询业把握"互联网＋"带来的机遇，并应对相应的挑战；二是推进咨询业务展开"互联网＋"的发展转型，做好向客户提供全过程、全覆盖的咨询服务的战略规划，积极满足"互联网＋"背景下客户对管理咨询的全面需求；三是拓展咨询业的服务范围，在充分发挥以内部管理服务咨询传统优势的基础上，大力拓展融资服务、战略构建、公司托管等咨询服务，为企业等单位提供全过程咨询服务。

第四节　园区/商业综合体管理发展定位与战略

根据《生产性服务业统计分类》（2019）的标准与解释，园区/商业综合体管理是指非政府部门的各类园区管理服务、商业综合体管理服务。由于产业园区管理从体制上看，既有政府主导，也有公司主导以及"管委会＋公司"的形式，并且从体制机制改革的情况来看，"管委会+公司"体制是目前产业园区管理的主要形式。因此，这里的园区管理服务也包括两种类别，一种是园区管理主体即管委会及其开发建设公司，另一种是提供园区管理服务的第三方专业咨询机构。

一、园区/商业综合体管理发展定位

（一）园区/商业综合体管理价值链

1. 产业园区管理价值链

从管理流程的角度看，产业园区管理主要涉及主导产业规划、空间规划、项目管理、招商管理、运营管理、绩效评估等环节；依据管理学的基本逻辑，产业园区管理也应当包含规划、组织、领导、控制四个主要方面。进一步地，从园区主体的工作特征以及园区持续发展的趋势来看，产业园区管理要解决三个基本问题，即：园区要到哪里去？园区应该怎么做？园区做得怎么样？因此，园区管理体系的内容结构可以划分为三个层面，即园区规划管理、园区运营管理、园区控制管理，这也同时形成了产业园区管理价值链的主要内容（见图5-6）。

园区规划管理是园区基于其内外部环境分析，从产业战略和空间形态两个方面对园区持续发展的总体方向进行确定，具体包括园区战略规划管理和园区空间规划管理两部分内容。鉴于规划管理的专业性，该任务一般由园区管理主体与第三方专业机构共同完成。具体来看，园区战略规划管理涉及四个层面的内容：一是园区环境分析，包括产业发展态势、区域资源等外部环境以及园区组织结构、制度文化等内部环境；二是园区主导产业定位，包括主导产业结构、规划目标等；三是园区发展战略制定，包括发展目标、重点项目规划、关键举措等；四是园区战略规划的实施与保障。园区空间规划管理涉及三个层面的内容：一是园区背景分析，包括地理区位、区域交通、基地交通等；二是开发策略，包括规划愿景、主要目标和项目定位等；三是规划方案，包括设计构思、总平面图设计、效果呈现、方案分析、分区设计、景观设计等。

园区运营管理是园区运营主体在既定发展方向的指引下，基于园区持续发展的需要，从体制机制层面上对园区管理工作的系统性把控。为了结构化地突出园区管理的工作重点，可以选择园区管理对象、园区管理范围作为园区管理框架的

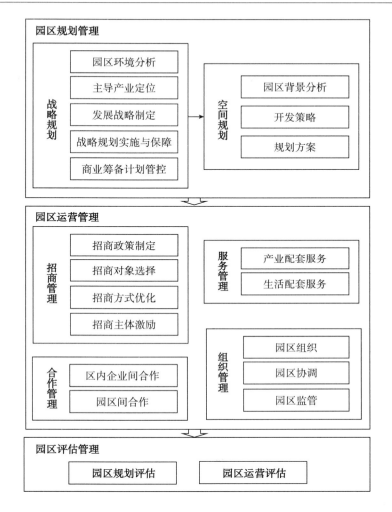

图 5 - 6　园区管理价值链

资料来源：作者整理。

两个维度，园区管理的对象则包括企业、园区两个层面，园区管理范围涉及园区内部和园区外部两个方面。由此，形成了园区运营管理的四个方面的内容，即招商管理、服务管理、组织管理和合作管理。其中，招商管理是指产业园区管理机构在吸引企业入驻园区的过程中，在招商政策制定、招商对象选择、招商方式优化、招商主体激励等方面所确立的行为规范；服务管理是指产业园区管理机构与运营机构针对园区内部企业，在提供产业配套服务、生活配套服务，以及促进园区内部企业之间进行合作等方面所确立的行为规范；组织管理是指产业园区管理机构或第三方运营机构在园区持续发展的过程中，以园区的管理体制和运作机制为手段，对园区的组织、协调、监管等各种管理活动的行为规范；合作管理是指产业园区管理机构或第三方运营机构针对园区自身与其他园区之间的合作关系展开的行为规范。

园区评估管理是园区管理运营部门依据相应的指标体系分阶段地对园区的管理过程和管理绩效进行的诊断与评价。从评估对象上来看，包括园区规划评估和园区运营评估两部分。从发展阶段上来看，包括事前评估、事中评估和事后评估三种类型。园区可以依托园区管理架构建立创新管理模式，提升管理效率，在与周边产业集群的竞争中形成差异化优势，从而推动园区实现跨越式发展、建成创新生态系统。

2. 商业综合体管理价值链

商业综合体管理起始于商业地产项目，而该类项目包括三个基本阶段，即商业综合体管理的项目筹备、综合体开业、综合体经营（见图5-7）。

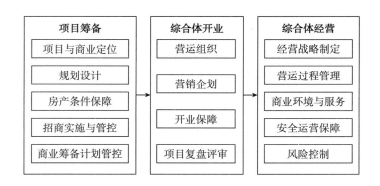

图5-7　商业综合体管理价值链

资料来源：大连万达商业地产股份有限公司．商业地产投资建设［M］．北京：清华大学出版社，2014.

第一阶段的项目筹备是指商业综合体项目的前期筹备到商家进场的阶段，主要包括五个方面的内容：一是项目与商业定位，通过市场调研等明确具体业态；

二是规划设计，涉及业态发展目标与空间布局等；三是房产条件保障，包括公共物业条件保障、商家技术条件的对接与落实；四是招商实施与管控，需要制定租赁决策文件，并进行品牌落位、招商组织与实施、招商推广、信息化管控等工作；五是商业筹备计划管控，包括综合体项目计划、筹备计划管控、装修管控计划等内容。

第二阶段的综合体开业主要是指从商家进场到开业后一个月的阶段，包括四个方面的内容：一是营运组织，即商家装修管控、营业准备等；二是营销企划，即商业氛围营造、市场营销推广策划、市场推广活动实施与管控等；三是开业保障，主要是在安全、工程、环境和交通等方面提供相关保障；四是项目复盘评审，包括招商评审、项目复盘等方面的内容。

第三阶段的综合体经营主要是指开业后的持续运用发展阶段，主要包括五个方面的内容：一是经营战略制定，明确综合体的经营目标与策略；二是营运过程管理，涉及经营分析、经营预警与辅导、招商调整、市场推广等内容；三是商业环境与服务，主要包括公共环境、经营环境、经营秩序、服务体系等方面的内容；四是安全运营保障，涉及消防安全管理、设备运行保障、智能化运行、绿色建筑运营四个方面的内容；五是风险控制，主要包括法律风险控制和财产保险等内容。

（二）园区/商业综合体管理发展态势

1. 产业园区管理发展态势

从研究和实践的关注点来说，产业园区管理在运作模式、体制机制的框架研究方面，在运营管理、知识产权服务、物业管理、档案管理、品牌管理等具体内容方面，在智慧管理、众包模式、合作共赢等相关方法方面，在绩效评价、绿色监测评估、规划环评、应急监管等反馈控制方面都有相应的需求和经验。考虑到园区管理的主体，国家及园区主管各级政府部门可以主要从政策引导、考核监督等方面对园区进行管控。例如，国务院办公厅《关于完善国家级经济技术开发区考核制度促进创新驱动发展的指导意见》（国办发〔2016〕14号）对发展水平滞后的国家级经开区予以警告和通报，连续两次考核处于最后5名的，按程序报国务院批准后降为省级经济开发区①；国家发展改革委、商务部等八部门联合印发《关于支持"飞地经济"发展的指导意见》（发改地区〔2017〕922 号）积极支持"飞地经济"发展，进一步提升区域协同发展水平；国务院《关于推进国家级经济技术开发区创新提升打造改革开放新高地》（国发〔2019〕11 号）提出了提升开放型经济质量、赋予更大改革自主权、打造现代产业体系、完善对内对外合作平台功能、加强要素保障和资源集约利用五个方面共 22 项任务举措。总体上，从法制层面来看，中国产业园区管理的发展历程大致可以划分为 5 个阶段，如表 5 - 4 所示（为更好呈现中国产业园区法制发展历程，表格将少量顶层设计性质、非立法性的规范性文件也纳入其中）。

表 5 - 4　我国产业园区法制的发展历程

阶段	特征	出台的法律规范性文件（黑体为国家层面文件）
初始空白阶段 （1979～1983 年）	暂无园区法律出台	
法制试点阶段 （1984～1990 年）	部分先行地区试点制定地方性法规，对产业园区的管理体制和政策作了基本规定	《上海市经济技术开发区条例》（1989 年） 《上海市漕河泾新兴技术开发区暂行条例》（1990 年） 《宁波经济技术开发区条例》（1988 年，1993 年修订，2001 年修订） 《广州经济技术开发区条例》（1987 年，2003 年修订） 《江苏省经济技术开发区管理条例》（1986 年，1994 年修订、1997 年修订、2004 年修订）
全面出台阶段 （1991～2001 年）	各地根据国家法律、法规，加快制定产业园区条例，对园区建设和运营予以指导	**《国家高新技术产业开发区若干政策的暂行规定》（1991 年）** 《北京市中关村科技园区条例》（2000 年） 《北京经济技术开发区条例》（1995 年） 《苏州国家高新技术产业开发区条例》（1994 年，2011 年修订） 《苏州市经济开发区管理条例》（1996 年） 《天津新技术产业园区管理条例》（1995 年） 《大连高新技术产业园区条例》（1995 年，2010 年修订） 《深圳市经济特区高新技术产业园区条例》（2001 年，2006 年修订） 《武汉经济技术开发区条例》（1994 年，2017 年修订中）

---

① 从商务部公布的 2019 年国家级经济技术开发区综合发展水平考核评价结果来看，商务部已对排名靠后的宾西经济开发区、阿拉尔经济开发区等 10 家经济开发区开展约谈、督促整改。酒泉经济开发区由于连续两年排在倒数前 5 名，予以退出国家级经济开发区序列，成为首个被"红牌罚下"的国家级经济开发区。

续表

阶段	特征	出台的法律规范性文件（黑体为国家层面文件）
全面出台阶段（1991~2001年）	各地根据国家法律、法规，加快制定产业园区条例，对园区建设和运营予以指导	《长春高新技术产业开发区条例》（1994年，2003年修订） 《哈尔滨高新技术产业开发区条例》（1994年，2003年修订） 《温州经济技术开发区条例》（1992年） 《湖北省经济技术开发区条例》（1996年，2014年修订） 《四川省开发区管理条例》（1996年） 《陕西省经济技术开发区条例》（1994年，2002年修订） 《重庆市经济技术开发区管理条例》（1994年，2000年修订） 《杭州高新技术产业开发区条例》（1994年，2004年修订） 《南宁高新技术产业开发区管理规定》（1995年，2003年修订） 《石家庄高新技术产业开发区管理条例》（1997年） 《广西壮族自治区高新技术产业开发区条例》（2001年） 《乌鲁木齐经济技术开发区管理条例》（2001年） 《珠海市珠海保税区条例》（1998年） 《上海外高桥保税区条例》（1997年）
密集修订阶段（2002~2008年）	各地密集修订开发区条例，积极改革管理体制，增加一系列扶持政策，突出结构调整和优化升级，突出高新技术产业化	**《中共中央、国务院关于加强技术创新，发展高科技，实现产业化的决定》（1999年）** **《关于国家高新技术产业开发区管理体制改革与创新的若干意见》（2002年）** *（部分在上表体现）* 《河北省高新技术产业开发区条例》（2002年） 《辽宁省经济技术开发区管理规定》（2002年，2004年修订） 《厦门经济特区高新技术产业园区条例》（2002年，2014年修订） 《宁波高新技术产业园区条例》（2005年，2016年修订为《宁波国家高新技术产业开发区条例》） 《南昌高新技术产业开发区条例》（2002年） 《天津经济技术开发区条例》（2003年） 《济南高新技术产业开发区条例》（2003年） 《西安市开发区条例》（2003年） 《南昌市经济技术开发区条例》（2004年） 《石河子经济技术开发区管理条例》（2005年） 《库尔勒经济技术开发区管理条例》（2004年） 《兰州高新技术产业开发区条例》（2005年） 《呼和浩特经济技术开发区条例》（2006年） 《昆明高新技术产业开发区条例》（2006年，2014年修订）

续表

阶段	特征	出台的法律规范性文件（黑体为国家层面文件）
创新升级阶段（2009 年至今）	各地条例进一步强化改革创新，明确产业园区的准入标准、功能定位和转型要求	**《国务院办公厅关于促进国家级经济技术开发区转型升级创新发展的若干意见》（2014 年）** **《国务院办公厅关于促进开发区改革和创新发展的若干意见》（2017 年）** 《中关村国家自主创新示范区条例》（2010 年） 《东湖国家自主创新示范区条例》（2015 年） 《江苏省开发区管理条例》（2017 年正在制定中） 《深圳经济特区国家自主创新示范区条例》（2017 年正在制定中） 《中国（上海）自由贸易试验区条例》（2014 年） 《中国（天津）自由贸易试验区条例》（2015 年） 《中国（广东）自由贸易试验区条例》（2016 年）

资料来源：根据商务部、科技部及北大法律信息网整理。

由于产业园区自 1979 年以来 40 余年的发展历程中，只是在进入创新升级发展阶段后，才强化了园区的改革创新，明确了产业园区的准入标准、功能定位和转型要求，并且也仅在近 5 年中，国家相关部委才对园区的产城融合、飞地经济等方面的工作有了明确指向。同时，从管理学的发展过程来看，其体系随着管理对象的差异而形成不同的管理学分支，例如企业管理学、公共管理学、军事管理学等。然而，在经济社会发展中发挥重要作用且涉及多方主体的园区，却没有专门的管理学体系来对其进行针对性的指导。因此，产业园区管理基本是依循公共管理或企业管理的相关理论内容进行，非常缺乏指导园区实际工作的针对性。这也基本形成了第三方的产业园区管理服务机构匮乏的局面，目前，提供园区管理相关服务的单位主要集中在北京、上海、深圳等地，从性质上看，既有事业单位，例如中国科学技术发展战略研究院、同济大学发展研究院等，也有民非单位如北京市长城企业战略研究所，以及更多的企业单位，如中国高新技术产业经济研究院有限公司、前瞻产业研究院等。从服务内容方面来看，这些单位主要是为园区提供规划咨询服务，在实际运营方面无论是从实际能力还是相关资源等方面都不能满足相应的需求。

实际上，在产业园区持续发展方面，产业园区规划、运营等许多内容并不是政府部门能够通过政策进行具体管理和协调的，产业园区管委会或其设立的开发公司也缺乏相应的专业知识与管理水平，甚至对于专业的第三方服务机构来说，也较为缺乏统一系统的理论指导，实践经验相对不足。目前，开发区正面临制定"十四五"规划的重要任务，应在"多规合一"的要求下，从产业规划、空间规划等多方面进行专门研究，这必然要求由相应的咨询机构提供专业服务，但首先这些单位的服务水平参差不齐，其次也很少有单位能真正将产业规划和空间规划等内容进行统筹考虑。另外，产业园区管理的一些具体方面也面临亟待解决的问题。例如，在园区物业服务方面，园区所面临的挑战包括：一是要从提供单一的物业服务向综合服务商转型；二是要加强对先进科技的应用以更好地对接园区内企业的服务；三是要重视产业园区前期开发阶段在规划、设计、施工及销售等方面的介入。这些背景也为产业园区的发展提出了较高的具体要求，也是园区未来管理中应当关注的重要问题。

2. 城市商业综合体发展态势

城市商业综合体作为展示上海城市品牌符号和城市商业发展的重要窗口，在创新商业模式、拓展服务功能、促进消费升级、带动商圈改造更新、推进商旅文融合发展、探索"新零售"新模式等方面发挥着重要作用。截至 2017 年底，上海共有 225 家城市商业综合体，其商业建筑总面积为 1637 万平方米、销售总规模为 1562 亿元，分别较 2016 年增长了 18.4% 和 16.8%；年客流总量 21.3 亿人次，商户数 2.6 万家，从业人员数 31.2 万人，停车位数 14.5 万个，分别较 2016 年增加了 2.6 亿人次、3900 家、2.7 万人、2.8 万个，对上海经济发展的贡献度进一步增强。总体来看，上海城市商业综合体的发展情况如下：①

（1）数量和面积仍在快速发展。截至 2018 年 6 月末，上海已开业城市商业综合体数量为 241 家，其中：2017 年新开业 40 家（闭店调整 4 家），创下历史新高，2018 年上半年新开业 16 家。从已开业企业的登记注册类型看，内资企业比重最高，占 69%；港澳台商投资和外商投资的比重分别为 20% 和 11%。从近

---

① 资料来源：上海市商务发展研究中心（上海市商业信息中心）对上海城市商业综合体相关数据指标的统计分析。

两年的情况看，商业建筑面积增长较快，但同比增幅呈现下降趋势。2017年的同比增幅为18.4%，增速比2016年回落6.2个百分点；2018年上半年商业建筑面积比2017年末增长了5.7%。

（2）营业额增幅仍处于较高水平。2017年，全市已开业城市商业综合体总营业额达1562亿元，同比增长16.8%；剔除新增因素，营业额同口径同比增长6.8%。2017年，全市城市商业综合体平均日租金7.9元/平方米/天，同比提高1.8%；平均坪效49.9元/平方米/天，同比提高1.9%。

（3）空间布局更为分散。从2017年至2018年上半年新开业的情况来看，全市共有12个区有新增综合体，其中浦东、闵行最多，各新开11个项目。传统的以市中心商圈为核心的格局正在发生变化，各个区域多核心的格局正在形成。

（4）大型城市商业综合体表现突出。大型城市商业综合体业态全、品类丰富、体量大，开展营销活动更易形成一定的影响力、号召力，同时在经营上较特大型城市商业综合体更为灵活，2017年其营业额合计占全市总额比重（47.5%）、平均出租率（96%）、平均坪效（60元/平方米/天）等指标均为最高。

（5）业态结构持续调整。2017年，零售业商户数、营业面积、营业额所占比例均在五成以上，仍为城市商业综合体中的支柱性业态，但与2016年相比均有不同程度的下降；消费加速升级，餐饮及其他服务业发展加快，商户数、营业面积、营业额同比增长远高于零售业。其他服务业中健身休闲、教育培训类消费表现突出，2017年营业额增幅均超过60%，成为服务性消费的亮点。

从上述发展情况可以看出，城市商业综合体的进一步发展对其管理水平将会有更高的要求。目前，城市商业综合体管理的内容主要集中在建筑设计管理、项目风险管理、消防安全管理、物业管理、停车场管理等方面。从管理主体来看，一些地产商发挥了商业综合体管理运营的主要作用，例如，万达集团作为以现代服务业为主的大型跨国企业，是全球领先的城市商业综合体开发及管理运营商。2004年8月，万达开发建设首个第三代万达广场即宁波鄞州万达广场，并建有五星级酒店和超高层写字楼，总建筑面积60万平方米，在全国首次提出"城市综合体"开发模式。2014年，万达集团的万达茂首个项目在南宁开工（2017年6

月 17 日开业），该项目是世界首创的大型室内文化、旅游、商业综合体，彻底解决了气候对娱乐项目的影响问题。截至 2018 年底，万达集团已在全国开业北京CBD、上海五角场、成都金牛、昆明西山等 280 座万达广场，累计持有物业面积3586 万平方米，年客流 38 亿人次。在综合体管理运营方面，2014 年，万达出版了商业地产系列丛书，较全面地总结了商业地产的管理运营经验。2015 年 1 月，万达商业地产与光大安石、嘉实基金、四川信托和快钱公司签署投资框架协议，4 家机构拟投资 240 亿元人民币，建设约 20 座万达广场。这标志着万达商业地产"轻资产"模式正式启动，万达商业地产将走上"轻重并举"的发展道路，开创全新的商业模式。同时，万达集团宣布从 2015 年开始，所有万达广场综合体新开工项目，都将实行"总包交钥匙"管控模式。

二、园区/商业综合体管理发展战略

（一）园区管理发展战略

1. 发展思路

产业园区是区域经济与社会发展的增长极，园区管理水平的提高将驱动所在区域的经济社会高质量发展。淀山湖区域在园区管理方面，应当特别重视提高园区管理主体即产业园区管理机构以及第三方管理咨询机构的管理水平。总体上，园区管理主体要注重产业园区"存量与增量、内部与外部、经济与社会"三方面的结合，从经济发展、创新发展、产业合作、公共服务、社会发展五个方面考虑产业园区的持续发展。具体来看，经济发展是产业园区持续发展的基础，表现为经济实力、经济增长两个方面；创新发展是产业园区持续发展的原动力，表现为创新资源、创新平台、创新成果三个方面；产业合作是产业园区持续发展的有效方式，表现为园区内企业集聚度、园区合作状况两个方面；公共服务是产业园区持续发展的支撑条件，表现为区位优势、园区组织结构、配套服务机构三个方面；社会发展是产业园区持续发展的外延扩张，表现为环境保护和社会声誉两个方面。淀山湖区域应当通过明确园区持续发展方面的具体要求，提高商务服务业中园区管理的服务水平。

2. 战略任务

基于园区持续发展的目标，在园区制定战略规划、明确主导产业的条件下，淀山湖区域应当在园区管理方面重点发展以下内容：

（1）园区招商。重视市场化力量包括招商公司、国内外行业协会、区内企业、中介机构等提供丰富的招商信息。依靠招商公司广泛的人脉和灵活的机制，多角度收集项目线索，充分进行项目前期洽谈，处理招商链条上的各项工作，全程跟踪招商项目，进行专业化招商等。园区管委会应设立针对招商公司的专项奖励金，提高招商公司的积极性。

（2）运营服务。筛选或者大力培育具有园区运营经验的专业服务机构，包括产业链管理、投融资机构、人力资源管理机构、物流公司、大数据公司以及相关研发机构等，为产业园区的产业发展提供配套服务。同时，从食、住、行、医疗等基础性服务以及教育、娱乐、休闲、生态建设等提升性服务两个方面，集聚较高质量的供应商，为园区提供高品质的生活配套服务。

（3）持续顾问。重视园区产业以及企业的长期发展，并将相关的咨询顾问服务系统化、持续化。一方面，从专业、资源、经验等多层面将园区所需要的检测、咨询、培训等服务内容进行系统集成，提高服务内容的系统性和服务质量；另一方面，增进产业园区与相关服务机构合作的紧密程度，鼓励服务机构持续跟踪、观察和了解园区及其内部企业，提高服务的精准程度。

（4）中介测评。鼓励通过市场中的第三方力量加强对园区的评估管理，涉及分阶段地对园区的管理过程和管理绩效进行诊断与评价。从评估对象上来看，主要包括园区规划评估和园区运营评估两个方面。按照发展阶段，鼓励中介机构对园区进行事前、事中或事后等各类评估。

（5）品牌构建。吸引并培养一批致力于产业园区持续发展的管理咨询公司，一方面提高单个公司的专业服务水平，并形成该类企业的集聚效应；另一方面提高淀山湖区域产业园区的管理水平，形成园区的管理输出价值。从而产生两者的相互互动，最终提升淀山湖区域在该领域的品牌影响力。

3. 战略实施关键

推进园区内的各类主体和环境要素相互作用，形成一个有机、开放、持续发展的系统，关键是要做好以下两个方面的工作：

（1）驱动园区形成"三聚"发展形态，即确定主导产业并吸引核心企业以"聚核"、拓展纵向产业链和横向服务链以"聚链"、打造公共平台并进行体系建设以"聚网"。其中，"聚核"即确立产业园区发展的主导产业、吸引并培育相应的核心企业。随着产业园区"核"的集聚与发展，一些实行业务归核化战略的"核"企业，会采用分工协同的方式吸纳上下游配套企业入驻园区；而另一些"核"企业为了适应环境的变化，采用高度本地化的发展策略，将研发中心、区域总部迁入园区，加强与本地企业和其他行为主体的联系。由此，促进园区纵向与横向的"聚链"式发展。进一步地，不断优化园区的基础配套设施、社会文化环境、政策环境、技术环境、市场环境、地理区位环境、娱乐休憩环境等，从整体上进入生态系统的"聚网"发展阶段。

（2）构建以产业生态为体，以自然生态、社会生态为翼的"一体两翼"体系。其中，产业生态即以园区为空间边界，以企业为基础，以企业与外部各要素（供应商、合作伙伴、竞争者、客户、政府及相关组织机构）间关系为核心，既构成纵向的上下游供应链，也打通横向的生产型服务链，形成一个闭环生态。自然生态即在提高园区生态环境保护力度的同时，还应该重视发展循环经济，把绿色园区作为发展的目标之一，加强对能源利用绿色化、资源利用绿色化、基础设施绿色化、产业绿色化、生态环境绿色化及运行管理绿色化等指标的管理。社会生态方面既要重视为企业提供税务、法律、金融等方面的公共服务，也要重视为园区中个体提供文化、教育、卫生等方面的社会服务，大力发展专业化、市场化的产业园区中介服务机构，并吸引相关人才。促进园区成为一个可以"自给自足"并能提供足够内部交流空间的综合社区，为创新社群的孵育与创新精神的培养提供丰实的基础。

（二）商业综合体管理发展战略

1. 发展思路

城市商业综合体是以建筑群为基础，融合商业零售、商务办公、酒店餐饮、公寓住宅、综合娱乐五大核心功能于一体的"城中之城"，与园区具有一定的共同性，也具有差异性，淀山湖区应当鼓励商业综合体服务商实施"点面结合、张弛有度"的发展思路。按照青浦区规划中"一轴、四片、五心"的空间布局结构，以及"一区三带四廊"的生态空间格局，重点抓好由会展中心、企业总部等形成的商业综合体管理服务的"点"和若干相对独立区域形成的"面"。综合体管理服务商对于"点"，应当严格执行各项安全管理规定，确保相应指标的完成；对于"面"，应当采用较为宽松的服务方式，形成自然和谐的人文环境。同时，由于淀山湖区域主导产业的特征使得商业综合体客户群体的结构较为复杂，商业综合体管理方应当尽量满足客户的合理需求，为其提供满意的服务。但对于有损于他人利益的个性化需求，则应严格遵循相关规范，采取积极方式进行沟通。

2. 战略任务

根据商业综合体管理的价值链内容，其发展主要包括以下几个方面：

（1）规划设计。重视并做好商业综合体的开发建设与发展定位工作，明确其所面临的市场需求、区域资源、地块特性、主体诉求等，基于淀山湖区域总体发展的全局角度对综合体的具体产业业态、规模、区位、空间布局等进行科学系统的规划设计，合理地与其他主导产业以及区域未来发展目标相匹配，切实以规划蓝图指引商务综合体管理工作。

（2）招商把控。确定各商业综合体的发展定位以及消费层次，并以此细化对拟招商户包括主力店和次主力店的要求，包括其所在的行业、规模实力、品牌层次、市场影响力等，并以此为标准对商户进行严格筛选和全面招商。同时，注重商户的布局及其流动性，做好对商务综合体的管理规范，并根据发展对商户进行转型升级。

（3）运营服务。商业综合体管理须由专业经营管理团队负责，从整体层面对综合体进行系统性、战略性的管控。包括设计并执行发展目标与任务、组织策划各类营销或宣传活动、提供优质后勤保障服务、跟踪检测并反馈商户经营情况等。同时，对综合体的产品组合与发展模式进行选择，包括各种功能均衡发展的模式、以写字楼为核心的模式、以酒店为核心的模式、以商业为核心的模式等。运营服务的具体内容如表5-5所示。

表 5-5 商业综合体运营管理的具体内容

序号	类别	具体内容
1	营运决策信息管理	营运基础信息管理：广场基本信息、各业态信息、主力店信息、各品牌信息、各商户信息；营运报表体系：日报、周报、月报、季报、年报；信息档案管理
2	市场调研和经营状况分析	行业研究；商圈状况与竞争态势分析；客群调研；市场品牌信息
3	业态规划及租户调整管理	商业物业定位分析；业态规划；商户经营分析；品牌组合与商铺招商管理；租金管理
4	营销策划管理	营销企划需求与计划管理；商铺营销与促销活动管理；营销活动评估管理
5	经营规范管理	开闭店管理；晨会管理；广播管理；吊旗管理；POP 管理；店招管理；橱窗管理；商品管理；物价签管理
6	经营环境管理	商户装饰与装修管理；安全与营运设施管理；灯光、温度、湿度、音响管理；卫生管理；公共空间人文艺术管理；自由媒体管理；货运管理；特种行业管理；相关行业资质管理
7	客户关系管理	主力店关系协调与管理；其他商户关系管理；业主关系管理；客户满意度管理
8	顾客服务管理	顾客服务中心建设；顾客服务规范、标准与流程管理；顾客投诉处理；服务品质管理
9	公共关系管理	相关政府关系管理；媒体关系管理；社区与社会团体关系管理
10	人员管理	营运人员的行为规范与工作标准管理；营业员的行为规范与工作标准管理
11	多种经营管理	多种经营点位与业态规划管理；多种经营市场调查与租赁价格管理；多种经营预算管理；多种经营招商管理；多种经营商户信息档案管理；多种经营开发途径与开发流程管理
12	广告位经营管理	广告位市场调研与整体规划管理；广告位经营预算管理；广告位招商与经营权投标管理；广告位日常管理

3. 战略实施关键

（1）商业综合体市场调研，包括项目所在城市及周边主要经济指标、城市商圈状况分析、城市商业个案分析、自身项目情况分析等。

（2）商业综合体定位策划，包括定位需满足的目标、定位依据、定位方法、定位类别、室内装修和公共空间、景观主题设计、立面和广告位设计等。

（3）商业综合体招商运营，包括招商思路明确、招商方式确定、目标买家分析、促销方式选择等。

（4）商业综合体开业策略，包括开业前预热、运营中各项资源整合、商业设施和服务的完善等。

（5）商业综合体租售策略，包括售后包租、租售并举等多种灵活的方式，并以此为基础，确定商业综合体的盈利模式、融资与资本退出模式等。

（6）商业综合体开发团队职能架构，涉及商业地产总监以及市场研发经理、招商经理、市场运营经理等具体岗位的设置。

第五节　供应链管理发展定位与战略

供应链管理是指基于现代信息技术对供应链中的物流、商流、信息流和资金流进行设计、规划、控制和优化，将单一、分散的订单管理、采购执行、报关退税、物流管理、资金融通、数据管理、贸易商务、结算等进行一体化整合的服务。

一、供应链管理发展定位

（一）供应链管理价值链

供应链大致可以分为三类，即生成型服务供应链（前端，B2B）、流通型服务供应链（中端，B2B）、消费型供应链（后端，B2C）。作为商务服务业之一的供应链管理服务，其提供主体往往是从传统物流业务做起的物流公司，并逐步演变为"资金＋资源"为客户提供全方位服务的综合性服务平台。

客户向服务集成商提出服务请求，集成商立刻对客户需求做出响应，向客户提供系统集成化服务，并且也可以分解客户服务需求，将服务活动外包给其他服务提供商（见图5-8）。这样，就形成了供应链服务过程中三类主体的合作供应关系，其中，服务集成商承担各种服务要素、环节的整合和全程管理（宋华和于亢亢，2008）。服务供应链重视信息共享，除了技术信息系统和网络平台的支持，服务供应链的高效、持久运作还依赖于综合需求和客户关系管理体系、供应商关系管理、物流服务传递管理、复合型能力管理、资金和融资管理等主要流程的整合与协调，达到有效控制客户需求、生产过程及供应商绩效的目的。在发展过程中，服务集成商须有效协调各节点间的竞合关系，同时协调内部能力与外部资源，在拓宽平台业务和强化平台功能的基础上，实现平台上各主体的共赢。

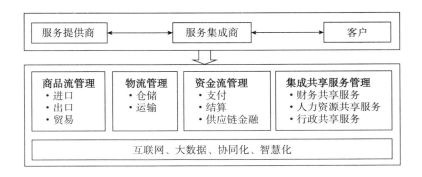

图 5－8　供应链服务过程

（二）供应链管理发展态势

供应链服务平台化是供应链管理行业未来的发展趋势，即把供应链服务平台打造成一个通过供应链服务、资产管理、产业协同平台＋资产资金对接的一个产融服务平台。并且，该平台服务范围逐步扩大，向跨境供应链平台升级，不仅包括报关、结汇和退税，而且涉及国际物流、信用信保、验货认证、海外仓储、贸易金融等领域。

1. 供应链服务平台数字化

"平台化＋互联网化"是供应链管理服务未来发展的新趋势。通过数据对供应链上下游各环节进行有效的链接和整合，尤其是在全球化的格局下，可以较好地解决供应链管理中的信息不对称问题，降低成本，提高管理成效。这涉及企业内、企业间、产业链三个层面，即首先在企业内部提高信息化程度，改善内部经营效率，并基于此以互联网联通企业内部和外部，与上下游企业产生更多的业务关系，从而利用数据来改造并整合所处行业的供应链。

产业数字化供应链服务平台是在全新的市场环境下，基于协同、共生和利他的供应链管理思想，对供应链进行深度的改造和整合，通过商品、金融、数据和服务，实现供应链商品多元化、管理集中化、数据可视化和服务专业化，从而提高总体水平的新型供应链服务业态（黄建，2019）。在模式创新方面，主要有三种类型：

（1）依托大数据分析精准构建大规模核心商品库。供应链企业通过数字化服务平台，精准定位主流消费商品，然后将商品信息反向提供给平台企业，提高这些企业的增量业务，从而为客户进行价值赋能，并由此为供应链企业自身提供商品流、资金流、物流等供应链服务业务。

（2）通过大数据和互联网风控手段优化供应链金融。服务和供应链金融是产业数字化供应链服务平台的两个核心业务，并将进一步形成重服务、轻资产、广连接、大数据的商业模式。供应链平台以服务为根本，保持中立性，通过将服务嵌入到供应链的各个环节，最终形成叠加的大数据服务。

（3）多维度的赋能服务。从服务内容层面，平台的业务增长将带来管理效率提升的更多需求，平台可以充分利用自身资源整合的优势，进行财务、人力资源、行政等多方面的共享服务，并且通过专业团队来高效地完成平台客户的基础事务性工作，从而有效降低客户经营成本和经营风险，提高经营效率。

2. 绿色供应链发展迅速

从发展态势来看，绿色供应链主要有以下特征[1]：

（1）多主体协作。目前，中国以政府、非政府组织、企业等为主体积极推进绿色供应链管理。从政府层面看，2015 年以来，国家出台了与绿色供应链相关的政策文件，例如《国民经济和社会发展第十三个五年规划纲要》《国务院办公厅关于积极推进供应链创新与应用的指导意见》《粤港澳大湾区发展规划纲要》《工业绿色发展规划（2016－2020 年）》《环境保护部推进绿色制造工程工作方案》等，天津、上海、深圳、东莞等地方政府也积极在政策方面先行先试；

---

① 毛涛. 我国绿色供应链实践呈现四大特点［N］. 中国工业报，2019－12－04（002）.

从非政府组织层面看，中国绿色供应链联盟、绿色消费和绿色供应链联盟、广东省绿色供应链协会、中国家居产业绿色供应链联盟等产业联盟和行业协会、公众环境研究中心、阿拉善 SEE、美国环保协会、自然资源保护协会、广东省千禾社区公益基金会以及天津低碳发展与绿色供应链管理服务中心等机构，同样是绿色供应链管理工作的重要参与者和推动者；从企业来看，华为等龙头企业主动开展绿色供应链工作，同时，已有上百家绿色供应链典型企业得到国家工业和信息化部、商务部等的支持，在行业中产生了示范效应。

（2）产业链带动。绿色供应链的内涵涉及环保、能耗、用水、用才、用地、资源综合利用等多方面的内容，并将带动产业链中各环节的企业实现绿色发展。例如，在环保合规基础上，带动产业链上的企业取得污染减排成效，提升资源综合利用水平，更加节能、节水、节材，从而进一步成为绿色发展标杆企业；带动产业链上企业改进生产工艺，通过提高良品率、产品使用耐久性等，减少不必要的能源资源消耗和污染物排放；或者，对于违规违法企业，将其从供应商名录中剔除，迫使其及时整改。

（3）全周期管理。从产品方面来看，应当统筹考虑产品设计、采购、生产、销售、流通、使用、回收、处理、再利用等所有环节的绿色要求，并且使得废旧产品的整体或者零部件可以重新进入下一个生命周期，从而在经济效益和环境效益两个方面获得双赢。

（4）激励式发展。在绿色供应链法律政策逐步完善、国家部委绿色制造示范工作推进以及绿色采购、绿色税收、绿色信贷、绿色债券等正向激励机制不断健全的良好环境下，更多企业将主动打造绿色供应链，增加被淘汰的环保违规企业所释放的市场份额，获取环保红利。

二、供应链管理发展战略

（一）发展思路

根据供应链创新发展的方向，结合国家推进供应链创新与应用的指导意见①，

---

①　资料来源：《国务院办公厅关于积极推进供应链创新与应用的指导意见》（国办发〔2017〕84号），2017 年 10 月 13 日。

从协同化、服务化、智能化三个方面促进淀山湖区域供应链管理的发展：一是推进供应链协同制造。完善从研发设计、生产制造到售后服务的全链条供应链体系，使得供应链上下游企业实现协同采购、协同制造、协同物流，促进大中小企业专业化分工协作，快速响应客户需求，缩短生产周期和新品上市时间，降低生产经营和交易成本。二是发展服务型制造。建设公共服务平台，发展基于供应链的生产性服务业，向供应链上游拓展协同研发、众包设计，解决方案等服务，向供应链下游延伸仓储物流、技术培训、融资租赁、消费信贷等增值服务。三是促进可视化和智能化，促进全链条信息共享，实现供应链可视化，加快人机智能交互、慧物流等技术和设备的应用。

（二）战略任务

1. 吸引并支持供应链服务集成商

通过服务集成商将各类供应商、服务商、金融机构、终端客户进行整合，由于服务集成商决定着供应链管理服务质量，因此，应注重把握对服务集成商的能力要求：一是高层次的信誉资产和能力；二是整合平台主体并提高综合效益的能力；三是通过自身的行为和运作在个体以及组织之间建立良好社会资本的能力；四是融资和资金管理的能力（宋华和于亢亢，2008）。

2. 大力推进绿色设计平台建设

根据淀山湖区域经济发展的具体情况，进行绿色设计平台建设，以设计能力强、特色鲜明、管理规范的行业领军企业作为牵头单位，与相关企业、科研机构等组建联合体，构建产品全生命周期管理的绿色设计平台。在产品设计开发、原料选用、制造、产品包装等各个环节实现绿色研发设计和绿色制造一体化提升。进一步地，建立面向产品全生命周期的绿色设计信息数据库，开发应用和推广产品生命周期资源环境影响评价技术和软件工具，推荐绿色设计众创平台建设，实现绿色设计和资源共建共享。

3. 支持龙头企业打造绿色供应链

按照产品全生命周期理念，加强供应链上下游企业间的协调与协作，发挥核心龙头企业的引领带动作用，确立企业可持续的绿色供应链管理战略，实施绿色伙伴式供应商管理，优先纳入绿色工厂为合格供应商和采购绿色产品，强化绿色生产，建设绿色回收体系，搭建供应链绿色信息管理平台，带动上下游企业实现绿色发展。充分利用华为公司开展绿色供应链管理试点的经验，在淀山湖区域建立以市场为导向的绿色供应链模式，通过节能环保改造，提升企业市场竞争力。

4. 积极推动绿色园区建设

推动园区绿色化，在园区规划、产业链设计、运行管理等方面充分贯彻资源节约、环境友好理念，打造结构绿色化、链接生态化的绿色园区。加强淀山湖区域内产业园区的土地节约利用水平。推动基础设施共享共建。在园区层级加强余热余压资源的回收利用和水资源循环利用，建设园区智能微电网，促进园区内企业废物资源交换利用，补全完善园区内产业的绿色链条，推进园区信息、技术服务平台建设，推动园区内企业开发绿色产品、主导产业创建绿色工厂，龙头企业建设绿色供应链，实现园区整体的绿色发展。

（三）战略实施关键

1. 营造良好的政策环境

充分利用国家、上海市①鼓励开展供应链创新与应用的相关政策，出台具体措施，积极建设跨界交叉领域的创新服务平台；鼓励社会资本设立供应链创新产业投资基金，统筹结合现有资金、基金渠道，为企业开展供应链创新与应用提供融资支持；帮扶复合相关条件的供应链企业按规定享受相应的支持政策。同时，积极建设供应链创新与应用的政府监管、公共服务和信息共享平台，建立行业指数、经济运行、社会预警等指标体系。

2. 推进供应链标准体系建设

根据淀山湖区主导产业内容及产业结构情况，加快制定数据采集、指标口径、数据交易等关键共性标准。推动区域内企业提高供应链管理流程标准化水平，推进供应链服务标准化，提高供应链系统集成和资源整合能力。

3. 培养多层次供应链人才

利用淀山湖区域地处长三角一体化示范区优越的区位优势，加强国际化人才

① 资料来源：《商务部等8部门关于开展供应链创新与应用试点的通知》（商建函〔2018〕142号），2018年4月10日；《关于本市积极推进供应链创新与应用的实施意见》，上海市人民政府办公厅，沪府办发〔2018〕26号，2018年8月9日。

的流动与管理，在全球范围内吸引和聚集优秀供应链人才。结合供应链管理的主要内容与特点，创新供应链人才的激励机制，使得供应链人才有舞台、有激情、有恒心。鼓励相关企业和专业机构加强供应链人才培训，并形成多种与高等院校等的合作培养模式。

4. 加强供应链公共服务平台建设

结合淀山湖区商务服务业的发展情况，推动供应链行业组织进行供应链公共服务平台建设，加强行业研究、数据统计、国际交流，提供供应链咨询、人才培训等服务，推动供应链专业资质相互认证，促进供应链发展与国际接轨。

第六节　商务服务业战略实施路径

淀山湖地区商务服务业在总体上遵循持续发展的目标，可以按照聚核、聚链、聚网的"三聚"路径实施发展战略。

一、聚核：集聚优势企业资源

为支持具有竞争优势、发展潜力大的重点企业发展，提高其利润附加值，淀山湖区域需要通过湖区内部资源的优化配置，更新产业组合，实施聚核战略。

（一）聚焦主导产业

充分利用商务服务业的行业特征，发挥淀山湖的区域优势，重点发展会展、旅游、商务咨询、园区/商业综合体管理、供应链管理五类产业。需要注意的是，应当结合淀山湖区的独特资源，形成并突出主导产业发展中的差异化特色，避免形成与周边区域雷同的产业结构，以区域比较优势促进区域内商务服务的持续性演进。同时，注重区域经济发展的阶段性特征，以政策导向、市场前景、发展趋势等为维度对主导产业进行扶持。

（二）聚焦核心企业

依据商务服务业发展的主导产业，针对符合产业导向的重点企业进行招商引资。当然，企业也会自行表达入驻意向，形成淀山湖地区的核心企业。核心企业无论是一家或若干家，都对后续中小企业或配套企业具有重要的指向作用，并能在形成一定规模后，对周边经济发挥辐射和引导作用。核心企业由于具有优势资源和较强的影响力，能够有力地支持淀山湖地区形成行业资源引聚能力，产生较大的产业集聚效应，并推动该地区的整体发展。核心企业利用自身在投资、创新、知识、品牌等方面的资源优势，可以在带动其他企业发展的同时，提升整个地区的发展水平。

二、聚链：形成产业生态合作

在聚核发展的基础上，淀山湖区域可依托价值链上下游的综合经营能力和竞争优势，寻求新的利润增长点。一方面，形成产业自身纵向上下游以及横向相关配套的延伸；另一方面，促进不同类型产业之间进行协同合作。由此，形成淀山湖地区生态合作的局面。

（一）产业内链条延伸

淀山湖地区以核心企业为重点，在其主导产业方面适度向价值链的关键环节延伸和拓展。在稳定上述具体业务的基础上，通过建立核心业务的自主品牌，向研发设计、规划策划等关键环节拓展，通过稳定的质量、周到的服务、便捷的营销网络，降低产品的流通成本，提高产品的附加值。另外，重视对主导产业进行配套，在资金、技术、管理、人才等方面为核心企业提供支持，使其产品和服务质量得以提升。

（二）产业间链条延伸

深度挖掘价值链内涵，商务服务业的发展需要形成内生机制，避免简单的招商引资的传统方式；同时，也要形成持续发展的生态合作模式，避免短期行为。因此，以商务服务业内各主导产业的协同发展为内生动力，形成核心企业所在产业链之间的合作关系，并进一步促进商务服务企业的提升与发展，从而完成产业链的循环延伸。

三、聚网：完善区域网络系统

淀山湖区商务服务业的进一步发展，将会在区域整体层面产生新产业功能的综合，一方面为区域内提供各主导产业的相应服务内容，形成生态系统中的"阳光、空气和土壤"；另一方面培植区域创新创业环境，包括社会文化、政策、环境、市场、地理区位、娱乐休憩等各方面，形成生态系统的大气环境，并反过来为湖区的发展提供潜移默化的影响。此时，淀山湖区将从整体上进入"聚网"的发展阶段。

（一）湖区利用环境扩张

在淀山湖区的发展期，由于其生存力、发展力和竞争力方面都不断提高，从而对其外部环境产生辐射和影响。湖区实力在此过程中逐渐增强，积累了盈余资金，可以为区域的深层挖潜、优势提升提供较好的内部条件。此时，淀山湖区将在资源结构性规模以及空间结构性规模两个方面得到扩张，前者注重区域内各种生存要素的积累性获得，后者注重空间的层次性整合。

（二）环境对湖区反作用

在上述两种规模扩张的过程中，资源将成为各主体争夺的对象，并形成资源瓶颈。同时，淀山湖区的相对封闭性也容易引起思想僵化、知识技术趋同、互补性消失等问题，并提高土地、人力资源等成本，引发效率降低，从而使得市场和技术活力丧失，湖区原有的"核"也会失去聚集功能。此时，政府要及时发现和重视新的内部要素，对相关资源进行自我重组，以推进该区域吸收原有的竞争优势，并促进新"核"适时更替，使湖区进入新的有序发展状态，并达到新的循环平衡。

可见，淀山湖区要从当前薄弱、分散的商务服务业经济结构升级到以"三聚"路径为导向的实力强、系统化的经济结构，需要分阶段有步骤地推行结构调整，通过稳定主导产业与核心企业、夯实商务服务业发展基础来加以实现。一是重视调整转型期的发展规划。其中，应当按照转型升级的要求，对现有商务服务业进行结构调整和资源整合，实现突出重点、兼顾一般，在稳步发展中优化产业结构和商品结构，初步形成商务支撑、会务拓展、品牌牵引的"一体两翼"的经济发展格局以及一系列独具特色的服务内容，为以后的快速增长夯实基础。二是重视优化升级期的发展规划。在调整转型的基础上，全面优化各种要素资源，提升综合服务能力，加快发展速度，推动主导产业的互动推进，全面实现发展战略目标。淀山湖商务服务业发展规划期末将形成"1＋1＋3"的经济格局，形成品牌引领、多业驱动的发展态势。

第六章　淀山湖区商务服务业空间布局与持续发展

第一节　淀山湖区商务服务业空间布局

以青浦现代服务业集聚区建设为突破口，大力加强淀山湖区商务服务业核心功能区、专业集聚区、特色街区以及其他各种商务会务服务业分中心建设，扩大商务服务业发展规模，降低商务服务业发展成本，提高商务服务业发展水平。依托现有产业基础和区位优势，按照"统一规划，产业集聚，开放创新，错位发展"的要求，以朱家角镇为核心，以互联网创业集聚区为发展动力源，在核心区的周围形成商务服务业生态圈，并依托自然文化资源形成若干会务中心，以此形成"一核三圈多中心"集聚发展的空间布局。

淀山湖作为上海的重要水源保护地和生态保护区，其面临的环境保护和经济社会发展的问题和挑战日益突出，应当从长远考虑，探索出一条生态、生活、生产融合发展和可持续发展的新路。总体来看，淀山湖地区可以形成"两片两带三组团"的空间布局。

一是"两片"，即湖区片和水乡片。以 G50 高速公路为界，北部为湖区片，发挥滨湖景观优势，强调公共性和生态性，坚持严格的低碳要求，以景观生态休闲为主要功能，加强区域联动，主动对接周边地区，建设与上海国际大都市功能相适应的知名湖区核心区域。南部为水乡片，发挥水网密布的自然优势，构建和谐水生态环境，将独特的水乡文化融入到生态建设之中，打造长三角知名的水乡文化区。

二是"两带"，即环淀山湖生态带和金泽—练塘水乡风貌带。两带之间以规划中的青西郊野公园相连接，"两带"沿线以水源保护为前提，布局若干各具特色、点状分布的"中心"，各"中心"之间建设开放性生态通廊。

三是"三组团"，即青浦新城—朱家角（含沈巷）组团、练塘新市镇组团、金泽新市镇组团。①

一、淀山湖区商务服务业发展定位及发展路径

1. 发展定位

立足上海，辐射长三角，打造以"会展、旅游、商务咨询、园区/商业综合体管理、供应链管理"为主导产业的高端商务业发展圈层。整合并完善现有资源，延伸和深化产业链条，以知识密集型商务服务业为核心，拓展高端会务服务业，打造以朱家角为核心区的商务生态圈，并由此形成包括多个特色会务中心的商务会务延伸圈，构建"一核三圈多中心"的集聚发展空间布局。

2. 发展路径

以互联网创业集聚区的发展为依托，以为先进制造业、相关第三产业提供优质服务为发展主线，重点建设商务服务业；以各业态商务服务业的发展为牵引，提升对延伸商务服务业产业链的需求；以商务服务业发展后的内生需求，带动会务服务业的发展，并最终形成商务服务业高端品牌。

二、淀山湖区商务服务业空间概念方案总体设计

1. 空间布局结构构思

内密外疏的"圈层式"结构，分为核心层、内圈层和外圈层（见图6-1）。

---

① 资料来源：《上海2035规划》淀山湖中长期发展规划［EB/OL］．搜狐焦点．［2018-01-18］．https://sh.focus.cn/zixun/135673 e7474463dc.html。

图 6-1　空间布局结构构思

（1）核心层：深色的生态内核。围绕主导产业构建生态内核，并向外圈层式生长。

（2）内圈层：商务服务业链条完善区。围绕高端核心商务服务业拓展产业链条，形成商务生态圈。

（3）外圈层：商务会务整合区。高端商务服务与高端会务服务配套功能区，形成资源整合、联动发展的格局。

2. 规划结构

定位为长三角商务服务枢纽打造，概念规划形成"一核三圈多中心"的整体空间结构。

（1）一核：以朱家角为核心的高端商务服务集聚区。

（2）三圈：朱家角核心圈、商务生态圈、商务会务延伸圈。

（3）多中心：基于自然文化资源的若干商务会务中心。

3. 功能布局

按照其特色及发展需求，以朱家角为核心高端发展圈层，三大功能由内而外的层递式分布。

（1）核心高端圈层：以朱家角为核心，对接虹桥商务区，作为上海及长三角区域高端商务服务业的集聚区，形成会展、旅游、商务咨询、园区/商业综合体管理、供应链管理等生产性服务业态的交织发展。

（2）智力支持功能：结合先进制造业及智慧城市的发展，凝聚人才与知识密集型企业，提供发展的智力支持。

（3）数据挖掘功能：以大数据的搜集与分析，提供深入的数据信息服务。

（4）外延服务功能：以外包服务模式为基础，提供会展会议、人力资源等相关外延式服务。

第二节　淀山湖区商务服务业发展的品牌管理

一、品牌管理的思路

淀山湖区商务服务业的发展需要明确区域品牌定位，设计适合区域发展所需要的品牌层次架构和规范，并建设完善的品牌管理体系。具体思路如下：

（一）明确品牌定位

区域品牌形象定位于宜居、宜业、宜游的世界著名湖区，更具体的即"高端商务服务集聚湖区"。该定位体现了淀山湖区的发展愿景和战略对区域品牌形象的共性要求，共包含了四大价值要素：自然、品质、文化、发展（NQCD）。通过打造淀山湖区上述整体形象，以高信誉度扩大其服务客户群的辐射能力，持续提升湖区在世界范围内的影响力。

一是自然（Nature）：突出淀山湖区丰富的水资源。

二是品质（Quality）：突出商务服务的高端、热情与周到。

三是文化（Culture）：突出淀山湖悠久的历史、丰厚的水文化与古镇文化。

四是发展（Development）：突出淀山湖以"三聚"战略为导向的产业持续提升。

（二）建立多层次品牌架构

淀山湖区需要建立起以客户为导向的品牌架构，通过对用户需求及细分市场结构的跟踪研究，建立起区域品牌、产业品牌和企业品牌的多层次品牌体系（见图6-2）。

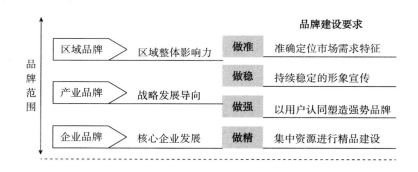

图6-2 淀山湖商务会务业的品牌架构

一是区域品牌：淀山湖区。打造区域整体品牌，从品牌标志到形象定位提升"淀山湖"作为区域品牌的整体影响力。

二是产业品牌：商务湖区。突出淀山湖商务服务产业的战略发展方向，形成提升产业附加值的业务品牌价值。

三是企业品牌：以核心企业为重要内容，形成企业品牌与业务品牌、区域品牌联动的正向影响关系。

要实现上述品牌层次架构，淀山湖需要完成以下工作：

（1）对淀山湖区域品牌及产业品牌进行梳理，找到品牌建设的核心要素。淀山湖具有水文化、古镇文化形成的市场认知度，这正是进行品牌建设的基本要素，同时商务服务、会务服务的发展以及与虹桥商务区的对接，可以有力地支撑区域品牌声誉的建立。这种声誉要企业品牌联系在一起，传达自然、品质、文化、发展的信号。

（2）对企业层面的品牌架构进行梳理，助推核心企业品牌的发展。应以重点商务会务企业的信誉为载体，吸引并集中优势创立核心企业的品牌。

（3）注重区域品牌、产业品牌与企业品牌之间的有机配合，在三者之间建立适当的联系，使整体品牌与个体品牌间相互支持和促进。

（三）完善品牌管理制度

明确青浦区与各企业在品牌管理方面的职责分工。区政府以规划和监控为主，负责统一品牌建设的方向和思路；利用各种资源对淀山湖及其所代表的湖区商务产业进行广告宣传，充分发挥整体品牌的规模经济效应。各企业则利用其接近市场、了解市场的优势，在营销组合设计上策划出适合其企业品牌定位的服务方式、渠道关系和促销活动等。

具体工作如下：

（1）积极参与全国著名的商务会务活动，集中展示淀山湖商务服务的品质和价值优势，提升市场对淀山湖形象的关注度，扩大世界知名度和企业品牌。

（2）通过合作方式，与各地负责相关产业的政府机构合作，承办或联办高品质展销会，并以网络推广方式，进行区域品牌和企业形象的集中展示。

（3）利用参展国外重要商务会务活动的机会，扩大淀山湖品牌的国际影响，提升淀山湖的品牌美誉度。

二、品牌管理的举措

（一）构建品牌服务体系

（1）一是深化"淀山湖商务""淀山湖会务"的品牌内涵。强化品牌促进工作机制，完善品牌服务体系；依托淀山湖商务服务业功能区，构建"淀山湖服务"指数体系，注重与区域原有品牌性活动的联动，通过举办或承办全球性会议、展览与论坛，参与国际性联盟等方式，扩大"淀山湖服务"指数体系在国内外的影响力。

（2）强化品牌建设配套服务。明确"淀山湖服务"品牌管理机构，协调市、区政府、行业协会、功能区管理机构等服务品牌资源主体，统筹品牌性活动组织、品牌服务资源集成、营销推广等。建立品牌发展服务联盟，增强品牌创意设计、广告宣传、国际营销、体系认证、品牌评价等品牌建设配套服务能力。

（二）培育品牌服务企业

（1）打造旗舰型服务品牌企业。实施商务服务业企业百亿元级"品牌企业"培育工程，支持市属服务集团、民营服务集团跨国别、跨领域经营，鼓励服务龙头企业通过兼并、重组、上市等方式进行资本运作，采取加盟、连锁、托管等方式，实施规模化发展，增强国内国际品牌影响力。

（2）培育细分领域品牌服务企业。围绕研发设计、会计、法律、广告、咨询、现代物流等细分领域，培育一批"专、特、精、新"型品牌服务领军企业，鼓励企业通过并购、组建专业服务联盟等方式实现专业化、品牌化发展。

（三）打造特色品牌活动

（1）打造一批具有国际影响力的企业品牌与活动品牌，扩大企业和活动的国际国内知名度，构筑"淀山湖服务"品牌建设的有力支撑，彰显"淀山湖服务"品牌效应。

（2）搭建服务业改革创新发展平台。搭建集展示、展览、交易、品牌推广于一体的服务平台。巩固提升文博会、科博会、金博会、软博会、国际电影节、世界旅游博览会等品牌活动，整合淀山湖商务会务的平台资源。围绕科技创新、传统文化、古镇文化、影视艺术、体育赛事、旅游会展、服装表演、都市休闲等领域，策划一批具有重大国际影响力的主题活动。

（四）储备和培养品牌管理的专职人才

在淀山湖区经济发展中，注重对品牌管理专职人才的储备和培养，以支持品牌发展。

（1）加强对全球性高端服务人才的引进。鼓励商务会务服务业领域领军人才申报"千人计划"、上海市海外人才聚集工程等。设立高端功能区人才集群化发展专项基金，鼓励高端人才向淀山湖商务区集聚。采取人才、项目、管理模式一体化引进的方式，吸引商务会务国际领军人才和复合型服务人才。

（2）强化专业型服务人才培养。以提升商务服务业专业化、国际化服务能力为重点，支持高等院校、职业院校与有条件的服务业企业建立实训基地，集成利用政产学研及社会培训资源，推进专业型服务人才培养。鼓励各类相关服务人才参与重大科研项目、重点学科和科研基地以及国际学术交流与合作项目。

第三节　淀山湖区商务服务业发展的保障措施

一、以建立湖区系统性服务架构为目的的政策制度保障

虹桥商务区已经推出一系列扶持政策，为区域内企业提供各项政策支持，吸引企业入驻落户，助推企业发展。根据出台的《上海市虹桥商务区专项发展资金使用管理实施细则》《上海虹桥商务区促进现代服务业发展的政策意见》等相关规定，符合条件入驻的企业可获得开办资助、租金补贴和营运奖励等。根据淀山湖区主导产业的发展情况，虹桥商务区管委会等政府部门应当与海关、检验检疫、口岸办等部门积极沟通，围绕货物贸易通关便利化，研究一揽子框架安排，加强部门联动，围绕优化营商环境在制度供给上进行突破。同时，淀山湖区应当积极探索长三角区域的协同联动：一是围绕行政审批、营商环境、城市管理等，以大虹桥为依托进行联动发展；二是全面深化战略合作，推进和深化与长三角城市的战略合作；三是全面推动长三角会商旅文体示范区联动，积极打造长三角经济社会发展指数（虹桥指数）发布平台和低碳示范区的联动建设，以加快长三角共同市场打造。

淀山湖区应当进一步制定商务服务业发展规划，并出台加快发展商务服务业发展的配套性政策措施，加大政策扶持力度，发挥财税体制和投资体制调节作用，简化审批程序、规范行业行为。

（1）落实市国税局、商务委等对商务服务企业、商务服务协会、相关载体与平台等方面的税收扶持政策，形成系统的湖区发展主体。

（2）优化现有专项资金使用结构，积极支持高端商务服务业发展支撑体系建设，通过相应的计划进行配套支持，形成重点突出的整体性发展架构。

（3）统筹安排基础设施建设、商务服务机构发展的相关计划和经费，围绕发展规划确定的重点任务，切实提高商务服务能力和水平，形成逐步推进的发展

体系。

（4）设立产业创业基金和孵化器。提供税收、土地、孵化器、人才引进等方面的优惠政策及相关资金投入。按照商务服务业增加值的一定比例，每年安排一定金额的商务服务业引导资金，设立咨询服务业产业创业基金和产业孵化器，引导产业基金投入到具有发展潜力的企业中去。产业基金同时可以用于商务服务业行业协会资助中小企业的贷款风险补偿等，形成系统的资金支持体系。

同时，淀山湖区应当充分利用国家、上海市等相关优惠政策。例如，2019年8月发布的《上海市新一轮服务业扩大开放若干措施》，该项政策进一步放宽了服务业外资市场准入限制，在利用外资过程中更加注重引导跨国公司投资到高附加值服务业领域。

二、以关注信息、知识、大数据为核心的体制机制保障

商务服务业的产业内容具有较广的活动和辐射范围，在全球化背景下，这些主导产业更会在世界范围内进行交流合作，产生密切的联系并交易各种信息、知识。一方面，信息技术产业的发展为商务服务业提供了集群的基础；另一方面，行业协会、教育培训机构、研发机构、金融机构、信息服务机构等为该产业的发展提供了必要的知识内容支持，并形成了推动商务服务业发展的载体。此外，从体制机制等制度环境方面来说，政府制定的吸引投资的优惠政策、建设良好的基础设施、提供优质高效的公共服务、建立公平的法治环境等都是保障商务服务业良性发展的重要条件。具体来看，应当从以下几个方面推进淀山湖区商务服务业的发展。

（1）重视信息、大数据产业的相关规划。明确商务服务业与信息产业、大数据产业之间的关联，对整体产业进行规划，提供相应的鼓励和指导；充分利用大数据产业对商务服务企业提供相关支持，并为企业提供精准有效的政策支持，从而引导湖区商务服务业的快速发展。进一步地，完善信息数据与服务平台，通过数据互通、数据共享，实现区域内的规模效应。

（2）建立咨询类企业数据申报机制。以咨询业为代表的一系列高端服务业发展十分依赖于数据产生的价值，建议鼓励咨询类企业积极申报数据，并将相关项目纳入现代服务业引导资金扶持。逐步引导建立起大数据平台，为企业和行业研究提供帮助。

（3）扶持本土咨询企业建立架构知识管理体系。鼓励咨询类企业承办各类专业杂志，对于一定发行数量的杂志予以财政补贴；鼓励咨询类企业建立知识管理数据库及信息化管理，对于建立知识管理数据库及信息化的费用作为研发费用不予计税。

（4）鼓励企业形成服务外包机制。针对国内企业大而全的想法，需要鼓励企业将服务外包，打造核心竞争力。建议对于企业用于服务外包的费用纳入成本，鼓励企业服务外包，从而为商务服务业的发展拓展市场需求。

值得重点强调的是，由于商务服务业的主导产业具有知识密集的特点，因此，应当鼓励建立知识产权保护和商业机密保护机制。为此，需要做好以下几个方面的工作：

第一，建设知识产权高端服务区。一是打造公共服务平台。以青浦区及上海市战略性新兴产业和战略支撑产业主导产品、关键技术专利信息、相关技术热点为内容，建立专题知识产权数据库和信息网络；加强专利、商标、版权、植物新品种等各类知识产权基础信息的资源整合、系统集成和信息共享，构建知识产权基础信息公共服务平台。二是引进服务机构。积极引进如中国专利技术开发公司、中国专利信息中心等分支机构及知名中介机构，提供专利审查、专利代理、专利检索、复审与无效、诉讼代理、技术开发等全方位服务，形成完整的知识产权服务产业链。

第二，建设知识产权成果孵化应用区。建设六大功能区，即知识产权信息中心、维权保护中心、服务业集聚中心、交易中心、特色产业园、非物质文化遗产传承与产业化基地。主要功能为：加速发展专利、商标、著作权、相关设计的申请、注册、登记、复审等代理服务，提升涉外代理服务能力。鼓励拓展企业上市、并购、重组、投融资等商业活动中的知识产权法律服务，完善中小微型企业法律援助服务。发展知识产权信息检索、数据加工、文献翻译、数据库建设等服务，建设专业化知识产权信息服务平台。

第三，建设高层次人才培训区。打造"三大板块"，即建设知识产权国际交流与合作中心、培训中心、服务保障中心，广泛开展企业知识产权服务贸易、市场拓展、海外布局、核心技术转让、标准化等事务中的咨询服务，提升从业人员专业素质。

第四，推动与文化科技产业对接的知识产权服务。运用知识产权制度和规则，重点发展以下服务：发展新闻出版、广播影视、音像制品、计算机软件等核心版权产业；对接动漫、游戏软件、广告装潢、工业设计等创意产业知识产权服务；实施传统工艺品地理标志保护以及申请外观设计专利权和登记版权。

三、以实现"一核三圈多中心"为目标的行业组织保障

通过建立合理、有效的组织结构，实现淀山湖区"一核三圈多中心"的商务服务业空间布局。

（1）强化淀山湖区行政管理部门的作用。促进行业组织的保障功能，建立行业系统的专家咨询和评估机构。

（2）建立业务对接平台。由上海市出面建立商务服务企业信息网络平台，用于各相关企业的信息录入，以及企业服务信息的对接，推动企业间业务对接与合作；由市经信委牵头，建立企业供需服务网络平台，加强企业间的互动交流；鼓励社会资本建立服务贸易平台。

（3）设立咨询企业品牌评审委员会。鼓励本土咨询企业提升品牌，建议由市经信委牵头，委托生产性服务业促进会设立行业评审委员会，对企业规格进行分级评审，按服务质量、财务建设、项目开展等指标体系予以评审，引导企业优化良性发展。

通过行业组织进一步推进商务服务业在高效、专业、现代化方面的发展，并主要做好以下几方面的重点工作：

一是明确商务服务业的从业资质。目前，大多数商务服务企业并没有明确的从业人员资质要求，从而使得企业主体存在良莠不齐的局面。应当利用行业组织的优势，严格企业提供服务的门槛限制条件，提高企业的整体素质与能力。

二是建立现代商务服务标准。应当充分发挥商务服务业各行业协会在规范管理方面的作用，在服务、收费、评级等方面建立相应的标准并进行相应的公开考

核，提升商务服务主体的运营效率。

三是推进商务服务机构的"专精化"发展。紧密围绕淀山湖区的主导产业，明确各类型企业在产业链条上的位置与作用，推进企业在具体特定领域的深度发展，提高其专业服务能力，树立其专业品牌形象，赢得客户信任。

四是引导商务服务分类发展。将商务服务业划分为基础服务、专业服务两种类别。其中，提供基础服务的机构可将服务内容进行模块化拆分，以工厂流水线的方式交付，降低成本、提高效率；专业服务具有个性化，收费较高，可以采取共享的方式交付，满足企业以较低的成本聘请专业人才。

五是鼓励商务服务企业互动交流。借助现代化的底层技术如大数据、人工智能以及区块链等，在得到客户授权的前提下实现各服务主体间的数据和信息共享，提高商务服务的交互性，将原本各自独立的服务进行有效整合，制造"1＋1＞2"的效果。同时，促进其他提高涉外商务谈判能力，帮助企业共享全球供应链和信息资源。

四、以创新、复合、吸纳、联动为导向的人才资源保障

2018 年 3 月 23 日，虹桥商务区成立"长三角国际商务人才服务中心"，上海以及长三角地区企业的外籍人才都可以在虹桥商务区获得各种便利。上海市人社局（上海市外国专家局）积极主动对接管委会，并争取到国家外专局的大力支持，大力推进"放管服"，为商务区引进外国人才给予了 5 条政策红利，其中包括[①]：

虹桥商务区试点为注册在长三角的企业派驻在虹桥商务区功能性平台工作的外籍高端人才就近在上海办理外国人工作许可，免去企业驻沪办事机构聘用外国人才往返两地办理工作及居留许可的困扰，解决企业聘雇外国优秀人才的后顾之忧；虹桥商务区突破企业原本只能聘用具有两年以上相关工作经验的本科毕业生或硕士毕业生的条件限制，即商务区的企业可直接聘用外籍高校毕业生，这极大

① 陈淮. 虹桥商务区成立"长三角国际商务人才服务中心"，打通外籍高校毕业生就业通道 ［N］. 文汇报，2018－03－24.

地拓宽了引进外国人才的范围。另外，上海市人社局（上海市外国专家局）还赋予商务区对企业引进急需的外国人才的推荐权和《上海市海外人才居住证》的受理权，这些政策红利都将进一步优化商务区的人才服务环境，进一步提升商务区的国际影响力。

淀山湖区已经成为现代服务业、高端商贸、科技创新企业、新兴产业业态会聚地，"平台经济"也已成推动虹桥商务区优化营商环境的新引擎。总体上，湖区应当进一步建立人才引进和培养机制，加大人才资源的开发力度，提高人才资源社会化保障水平。

（1）创新人才吸纳机制。围绕会展、旅游、商务咨询、园区/商业综合体管理、供应链管理等核心主导产业，发展具有较强特色和品牌效应的淀山湖区重点业态，营造宽松便利的政策环境、创业环境、工作生活环境等，从而对领军人才、专业人才等产生吸引力，壮大高层次人才队伍。

（2）完善人才培养机制。鼓励淀山湖区内的企业与国家会展中心、西虹桥商务区、长三角区域等的企业进行合作，从而培养应用型、复合型、创新型人才。同时，鼓励各类商务会务类企业与国外企业进行合作，或在国外设立分支机构，并建立全球化的数据网络，由此完善人才培养机制。

（3）健全人才激励保障机制。鼓励淀山湖区内的企业落实技术、专利、品牌、管理等要素参与分配，完善股权、协议工资、项目工资、年薪制、年度奖励、风险收入、补充保险等多元化的分配形式。加大人才表彰奖励力度，开展以评选突出贡献中青年专家、首席技师为主的各类优秀人才评选活动，重奖为湖区商务服务业发展做出突出贡献的各类人才。加大人才工作资金投入，设立人才发展专项基金，用于紧缺人才、拔尖人才的引进、培养和奖励。

第七章　主要对标湖区情况

第一节　日内瓦湖区

一、总体情况

瑞士是中欧国家之一，面积 4.1 万平方千米，截至 2018 年底，人口为 851 万。日内瓦位于瑞士的西南端，人口为 20 万，是瑞士的第二大城市，也是世界各国机构云集的国际化城市，钟表业与银行业是该城市的两大经济支柱，并且以人道主义传统、文化活动、会议和展览会、美食、市郊风景以及众多的游览项目和体育设施而闻名。日内瓦湖是西欧最大的湖泊，又名莱芒湖，位于日内瓦近郊，依托阿尔卑斯山，面积约为 224 平方英里，跨越瑞士与法国两个国家，其中瑞士境内占 140 平方英里，法国境内占 84 平方英里。

日内瓦湖区气候温和，温差变化极小，建有许多游览胜地。湖区有牧场、葡萄酒庄园、山峰、冰河、岩架，提供了绝佳的休闲度假和运动探险场所，湖中的人工喷泉是日内瓦湖的标志性景观。日内瓦湖区旅游业发展比较成熟，主要包括观光旅游、水上运动、休闲垂钓、餐饮美食、游船休闲、湖滨度假等。同时，注重水上与陆上产品的紧密结合，在环湖沿岸开辟滨湖公园风景区，在地形适宜的湖岸建造高尔夫球场、网球场，修建环湖自行车道游步道，在风光秀丽的僻静地段建设度假中心、各种特色民居及各类度假别墅，满足人们休闲度假的旅游需求。在日内瓦湖区，有许多世界著名的旅游胜地，包括西庸城堡、冰川3000、拉沃葡萄园梯田、奥林匹克博物馆等。

（一）洛桑

洛桑是瑞士西南部城市，位于日内瓦湖北岸，是瑞士联邦沃州和洛桑区首府，也是时尚城市、历史古城、湖岸度假胜地和奥林匹克之都。洛桑的博物馆和文化产品数量丰富，并且有多样化的照片、绘画、雕塑、设计物品展览。同时，洛桑毗邻日内瓦湖的渔民聚居地，也拥有联合国教科文组织世界遗产拉沃克斯葡萄园。该城市的商业也十分发达，是创新、研发之城和国际经济城市。这里的节日氛围非常浓厚，体育、文化、风土人情、家庭等各方面都可以作为庆祝活动的主题，并且组织了许多一流的专业或业余比赛。

（二）蒙特勒

蒙特勒是瑞士沃州的一座田园诗般的小镇，位于日内瓦湖东岸，以气候舒适的度假胜地而闻名，被称为瑞士的"里维埃拉"，即依山傍水、浪漫悠闲的区域。其附近著名的西庸城堡建立在日内瓦湖畔的岩石上，是瑞士中世纪建筑瑰宝。小镇附近围绕着景观壮丽的群峰、村庄，拥有先进的基础设施、便利的休闲活动、优质的酒店接待能力，集商务和娱乐于一体，是瑞士旅游业的发源地。蒙特勒音乐和会议中心是举办各类活动的理想场所，每年夏天会举办著名的蒙特勒爵士音乐节。这里还是著名的羊胎素美容胜地。

（三）维拉尔

维拉尔是瑞士弗里堡州的小镇，这里具有阿尔卑斯山浓郁的山地氛围，可以为体育爱好者提供山间户外活动，其中滑雪是主要的活动之一。这里是沃州最大的滑雪区，并由此与莱迪亚布勒雷、冰川3000和格里永度假胜地连接在一起，总共有112千米的斜坡。因此，冬天是游览这里的理想季节，该地区的斜坡适合所有级别的滑雪者。同时，该镇由于距离日内瓦国际机场和主要公共交通线路附近，也成为召开峰会的理想之地。

（四）其他目的地

1. 埃格勒—莱森莫斯山口

这是日内瓦湖通往阿尔卑斯山的门户，其旧城区遍布酒窖和客栈、四周环绕葡萄园的中世纪城堡，是当地生活艺术的象征。打造了世界自行车中心。特色项目包括徒步旅行、骑自行车、冬季两项、越野滑雪、雪滑梯。

2. 佩恩豪特

该地保留着代堡、罗西尼尔、鲁杰蒙等地道的瑞士山村，并且自然景观雄伟，特色项目包括徒步旅行、山地自行车、滑雪、雪鞋健行、热气球。当地工匠把该地区的珍贵产品变成了精美菜肴，尤其是加工成了以山奶为主要原料的美味佳肴。

3. 伊佛登区

该景点位于纳沙泰尔湖和汝拉山脉之间，是沃州的第二大小镇。小镇拥有独特的自然风景、丰富的历史、水疗和美食享受。可以为游客提供品鉴、导游、徒步旅行、水疗、滑雪等丰富多彩的体验。

4. 汝山谷

这座山谷位于日内瓦北面海拔 1000 多米的山中，一直延展至纳沙泰尔，别名双子谷、钟表谷，由勒舍尼、勒留、拉拜三个市镇组成。由于冬季会因大雪封山而与世隔绝数月，当地人便潜心钻研制表技术，使之成为瑞士钟表业的发祥地，诞生了知名的"爱彼"品牌。夏天的汝山谷同样有着瑞士小镇的悠闲与自在，也有北欧式行走、自行车、高尔夫、爬山等休闲项目。

5. 尼永

尼永位于日内瓦湖湖畔，曾经作为恺撒北征的重要根据地，保留着罗马时代的遗迹，并因此而闻名于世。周边有宁静的圣塞尔格村、科佩城堡和已经成为瑞士国立博物馆的普朗然城堡等景点。

6. 莫尔日

莫尔日位于日内瓦和洛桑之间，以"安宁自在"为生活价值，并与意气相投的富有者一起，成全了欧洲贵族的优雅乡村。威耶宏城堡是其中的一处私家园林，在欧洲园艺界享有盛名。奥黛丽·赫本曾在这里终老，舒马赫居也曾住在这里的维夫朗堡村。

7. 阿旺什

阿旺什建于 2000 年前，是罗马赫尔维蒂的首府。气势磅礴、拥有 6000 个座位的罗马圆形剧场成为阿旺什歌剧院、摇滚奥兹音乐节和阿旺什文身艺术节的舞台。阿旺什也是"马术之都"，拥有瑞士国家养马场和欧洲独一无二的多学科马术中心，即国家马术研究所，每年组织 30 多场马术比赛，表演跳跃、骑术和三项赛。莫拉湖上的阿旺什海滩营地是休闲放松的理想之地。

8. 埃沙朗区

埃沙朗区位于洛桑与伊佛登之间的地理区域，土地肥沃，是沃州产粮区的中心，也是美食假日和农业旅游的理想之选。该区域的轮廓成为打造标志性自行车道和人行道的理想之选。麦田小径连接埃沙朗和格兰奇—马南德，全长约 100 千米，这条路线中穿插了一系列农业旅游活动。在埃沙朗中心，7 月的每周四举办传统民俗集市展览，参展商超过 100 家。

二、产业发展

日内瓦湖区的开发属于综合开发模式，该地区水域开阔、水质较好，周围景观丰富、文化浓郁、交通便利、临近客源市场，集观光、休闲、度假、疗养、运动等功能于一体。因此，旅游业是日内瓦湖区的支柱产业，瑞士政府非常重视对湖区旅游资源的保护与开发，采取了多方面的政策措施。

（一）总部经济优势显著

日内瓦是闻名世界的国际活动和国际会议中心，联合国欧洲总部以及国际红十字会、国际劳工组织、世界卫生组织、世界知识产权组织、联合国开发署、联合国救灾署、国际气象组织、国际电信联盟等数十个联合国机构和欧洲核子研究中心都云集于此。设在日内瓦的国际组织，包括一些国际组织驻日内瓦常设办事机构，据统计有 200 多个。除国际会议外，日内瓦还经常举行解决重大问题的国家间谈判。此外，许多跨国公司的总部都设在日内瓦。

（二）会展经济带动力强

依据《2018 版会展蓝皮书——中外会展业动态评估研究报告》，瑞士在会展业方面紧随德国、英国、意大利、法国、西班牙，具有较高的发展水平。日内瓦Palexpo 国际会展中心仅 2020 年就筹备举办国际生物食品展览会、国际无纺布及高科技面料展览会、国际汽车展览会、车辆机械展览会、高级钟表展览会、特许经营展、国际图书和出版社博览会以及商业贸易、企业资源计划及管理展览会等多项展览。发达的总部经济和会展经济对日内瓦湖区的旅游发展起到推动作用，旅游的繁荣也使得第三产业结构更加均衡，形成了"以城带湖，以湖扬城，城湖共进"的综合开发模式。

（三）环境管理措施严格

湖区许多景区严格禁止机动车驶入，同时建设价格低廉的铁路系统，并引导游客尝试徒步和自行车旅行，以有效减少旅游污染；建立污水处理厂对景区内的生活污水进行处理，达到规定标准才能对外排放；提供财政补贴，减少草地施肥，让草场自然生长，从而保持原生态和自然性；在高海拔山地，采用嵌入式、地下式和封闭式构造建设交通体系等旅游设施，以避免破坏地容地貌；为了景区整体的协调，对建筑物的体量、建筑风格与式样、屋顶倾斜度、色彩都有特别要求。

（四）旅游产品开发丰富

湖区旅游产品内容丰富、层次多样。充分利用水题材，开展形式不同的水上休闲娱乐运动，包括游船、瀑布、帆板、潜水等，并且依水修建了各种度假设施；重视和挖掘文化，形成独特的文化类旅游产品，包括交通、纺织、食品、历史等各种博物馆，城堡、庄园、村居等各式建筑以及相应的壁画，面包、葡萄酒等各色美食，音乐会、传统节日等各项文化活动等；开发独具特色的旅游纪念品，如瑞士军刀、手表、巧克力等。这些内容既丰富了旅游内容，吸引了更多的游客，也成为湖区旅游业的重要收入来源。

（五）人性化服务质量高

在旅游资源开发方面，充分尊重当地社区的利益，将社区、政府、企业等多方利益共同考虑，重视当地人参与资源开发和经济发展，销售本地产品，形成持续发展的局面；在旅游交通等基础设施方面，重视铁路、汽车、缆车、游船等公共交通系统建设，车内设施先进、舒适便捷；为游客提供各种信息和服务，并可以预订欧洲其他国家的机票、车票等；以开放的态度尊重文化差异，细致快速地响应游客需求，并提供个性化的接待服务方式，增强与游客的反馈，从而提高游客的满意度。

三、经验借鉴

（一）重视品牌竞争力

日内瓦湖区的经济发展非常注重品牌的塑造，借助瑞士百年以上的旅游业发展基础，将自然资源、人文资源、产业资源等融合为一体，打造独具特色、高附加值的湖区品牌，并通过充分、深入、细致的挖掘、整理与包装，形成不可复制的整体形象和独特元素，提高湖区在国际市场的核心竞争力。

（二）加强政府适度管理

政府重视对旅游业进行长期的规划与引导，并出台相关产业政策，避免对旅游资源的无序或过度开发。同时，政府积极组织旅游推介，加大旅游公共产品的投入，安排专门经费进行整体促销，并注重与私营部门的合作，开展联合推介与促销活动。

（三）坚持可持续发展目标

产业相关利益各方均理解可持续发展的重要性，制定并实施严厉、有效的环境保护法，投入财力与人力，持续地进行自然、人文环境保护，最大限度地保护相关旅游资源，促进人与自然和谐共处。同时，提高当地居民的文明素质，增强其包容意识和开放心态，营造良好的居民与游客互动关系。

（四）提高服务质量

严格职业准入制度，高度重视旅游产业相关专业人员的培养，确保为游客提供便捷、安全、周到的高品质、人性化服务。在硬件方面，提供充分、可靠、及时的旅游相关资讯，建立充足的医疗应急点，提供送达急救中心的各种交通工具，提供景区安全、方便的饮用水设施等；在软件方面，政府要统筹规划、保护生态环境、优化社会治安等，形成良好的游览氛围。

第二节　博登湖区

一、总体情况

博登湖也称康斯坦茨湖，是德国最大、欧洲第三位的淡水湖，位于瑞士、奥地利和德国三国交界处，由三国共同管理，湖区景色优美。博登湖由上湖、于伯林格湖、下湖三部分组成。博登湖面积 540 平方千米，是德语区最大的淡水湖，每年为当地 450 万居民提供 1800 万立方米饮用水。从 17 世纪开始，博登湖就因周边的果园和葡萄园而受到游客青睐，成为著名的旅游度假胜地。度假区内开发的旅游产品不受季节限制，每年都吸引了大批游客，同时也是艺术和历史爱好者、野营爱好者和美食家的天堂。环绕博登湖 270 千米长的自行车道适合徒步旅行者、自然爱好者、自行车和滚轴溜冰爱好者，游客在冬季可以到周边的沃拉尔山上滑雪，东部的瑞士和列支敦士登的滑雪胜地也很有吸引力。

博登湖周边散布着 30 多个城镇，有 220 万人在湖区周围居住和工作，其中位于德国的林道、梅尔斯堡、康斯坦茨，位于奥地利的布雷根茨和瑞士的阿尔邦等城镇，已成为博登湖畔著名的旅游度假胜地。

（一）林道

林道是德国巴伐利亚州的城市，位于博登湖东岸的岛上，德国、奥地利和瑞士三国的交界处，总面积为 33 平方千米，居民 2.5 万人。林道是一座旅游城市，是德国南部"阿尔卑斯山之路"的起点，最具特色的是以阿尔卑斯山为背景的港口、灯塔和代表巴伐利亚的狮子雕塑。林道这个名字既有"生长菩提树的河边洼地"的意思，也指为经营森林、采运木材而在林区修筑的道路。林道的老城是一个仅 0.68 平方千米的小岛，小巧精致的石板街具有宁静的特色。这个小镇曾以渔业为经济支柱，19 世纪成为重要的纺织品工业城市，目前则以旅游业为主。自 1951 年起，诺贝尔奖得主每年定期在林道举行论坛，诺贝尔医学、化学、物理学、经济学奖获得者聚会林道，与来自世界各国的年轻学生交流。

（二）梅尔斯堡

梅尔斯堡的名字意味着"湖边的小镇"，位于德国西南，四周有城墙环绕，以古堡和葡萄酒而闻名，镇内居民 5500 人。与小镇同名的梅尔斯堡建造于 630 年，是德国持续使用的城堡中最古老的一个，德国著名女诗人安内特晚年曾居住于此。20 世纪 30 年代梅尔斯堡曾经是现代艺术的重镇，同时，这里的葡萄园在德国也非常有名，Weissherbst 葡萄酒就是其中的著名品牌。内城的边缘种植着葡萄，并蔓延至远处的山丘。城中有多家葡萄酒馆，夏日里这里会举办持续数月的葡萄酒节。

（三）康斯坦茨

康斯坦茨与梅尔斯堡隔着博登湖相望，是德国南部边境城市，一座有着 2000 年历史的古城，也是一座年轻的大学城。发源于瑞士阿尔卑斯山脉的莱茵河穿城而过，一座大桥连接城市的两个部分。该城工业以纺织、机械、化学、食品和木材加工为主，拥有大学、博登湖研究所、博物馆和中世纪古迹等。这里在公元 3 世纪时即为要塞，现在有铁路、河港、航空港，其功能定位则是重要的旅游城市和国际会议中心。

（四）布雷根茨

布雷根茨是奥地利福阿尔贝格州的首府，位于博登湖东部，被群山环抱，向南部和西部广阔伸展，风景秀丽。布雷根茨包括 3 个区，依然保持着 13～16 世纪的风貌。每年 7～8 月举行的布雷根茨夏日消暑艺术节是奥地利著名的艺术节，湖上舞台是一个大的露天歌剧院，也是世界上最重要的歌剧节举办场所。这座城市的功能定位是旅游城市和艺术中心。

（五）阿尔邦

阿尔邦位于瑞士图尔高州，是一座港口城市，小镇的旧街区保存较好，建筑具有德国风格，多是木骨制造的传统住宅。

二、产业发展

博登湖区的产业以旅游为主，湖区各个城镇的旅游产品主要包括开发的各式旅游产品以及特色节庆活动。

（一）旅游产品

旅游产品可以分为水上、陆上、空中三个部分。水上旅游产品主要包括游船、游艇、帆船、水上摩托、独木舟、划艇、潜水、游泳、垂钓等。陆上旅游产品比较丰富，包括观光体验类，如教堂、博物馆、城堡、修道院、植物园、古镇、公园、自然保护区等；运动类，如徒步、环湖自行车、高尔夫、溜冰、网球、羽毛球、山地自行车等；休闲度假类，如滑雪、度假酒店等。空中旅游产品则主要是硬式飞艇项目。

（二）节庆活动

各城镇开展了众多的节庆活动并在世界范围内颇具影响。林道是国际会议中心，并举行诺贝尔奖获得者的交流聚会活动等，每年的 6 月 11 日是林道的起航日，7 月 12 日是市镇节、海港圣诞节等；梅尔斯堡夏日举办持续数月的葡萄酒节，并举办梅尔斯堡国际城堡音乐会；布雷根茨则举办举世闻名的布雷根茨音乐节、布雷根茨春季节、夏季节等。

三、经验借鉴

（一）结合城镇进行湖区多层次开发

博登湖的开发经历了从初创到巩固的阶段。在开发初期，博登湖主要展现的是游船和湖光山色，水上活动是主要的旅游产品，游览内容较为单调，游览方式比较简单，空旷的湖泊视觉难以让游客做长期逗留。在巩固阶段，则结合湖区的周边城镇进行旅游开发，使得陆上、空中旅游产品成为主导内容，将游客视线从湖泊转向整个湖区，旅游产品的组合内容丰富、覆盖面广，极大地延长了湖泊旅游的生命周期。

（二）湖区多主体联动降低成本

湖区依托城镇进行开发，并将游客与当地居民作为一个整体，考虑公共设施和基础设施的共用，以及城镇软、硬件公共设施的共享，如便利的交通、娱乐设施和体育运动设施等，从而降低了旅游基础设施的开发成本。博登湖共有 5.5 万艘船只，其中大部分都是游船和游艇。

（三）湖区交通组织较为高效

湖区各城镇通火车和可载小汽车的轮渡，并且距离周边大城市如慕尼黑、苏黎世、斯图加特等仅有 1 小时的车程，而且距湖 38 千米的城镇就有机场，使得湖区的交通非常便利。

第三节　英国湖区

一、总体情况

英国湖区位于英格兰西北海岸，靠近苏格兰边界，被称为英国的旅游名片。总体 2300 平方千米，内有 16 个规模不同的湖，1951 年被划为国家公园，是英格兰和威尔士的 15 个国家公园中最大的一个。湖区拥有优美的自然风光和深厚的人文历史，被联合国教科文组织世界遗产委员会列入世界遗产名录，每年接待 2000 万名来自世界各地的游客，每年消费收入达 12 亿英镑，并提供了 2 万个旅游相关产业的工作岗位。其集群化的特色小镇发展模式，从定位、规划、运营、管理等多方面都极具特色，使其具有很高的国际知名度。

二、产业发展

（一）观光度假旅游

湖区充分利用自然资源优势，如波光粼粼的湖面、大片平坦的草地、淳朴宁静的农庄以及帆影、天鹅、水鸟等，吸引游客远离城市的喧嚣，体会悠闲的田园生活。同时，加强湖区乡村、小镇的一体化、特色化建设，以优美的乡村、热闹的市集和故旧的街道与建筑，满足游客看书、喝茶、踢足球、喝啤酒和旅游等多方面需求，增强湖区与游客的黏性。另外，这里还有哈德良长城遗址以及据此开发的国家徒步道每年会吸引 1200 万游客，是大英博物馆游客量的 2 倍。很多游客也都多次光顾湖区，或者在湖区住上一段时间。

（二）商业

湖区小镇有服装、糖果、礼品店等各色零售店铺，有精致的餐厅和旅馆。其中，凯斯维克旅馆始建于 1869 年，是英国第一批大型豪华旅馆。市镇重视旅游住宿和旅游周边产品的配套及零售，并以此带动经济转型，增加就业机会。小镇 60% 以上的人口都在从事旅游服务业，商业对小镇经济起到重要作用。同时，湖区运用丰富的历史文化资源塑造旅游品牌与声誉，并与国外电视资源合作，成为联合国的世界文化遗产。

（三）新能源

阿勒代尔地区位于湖区国家公园西北，一直把可再生能源行业的发展作为重要任务。阿勒代尔拥有丰富的风能和潮汐能，在核能行业发展已久，因此其将新能源发展作为经济发展的重要举措。这里有三个重要的国家级基础设施工程，分别是核能工程、西北海岸连接工程（风能）、西坎布里亚郡潮汐能工程。在乡村地区建立风车会推进可持续发展进程，并且，乡村将土地租给风能公司建设风能场，也能获得巨额收入。不过，风能会对当地自然景观造成一定的破坏，其产生的噪声也会影响当地居民的生活，需要进行更好的协调处理。

（四）文化

湖区是诗人的故乡。英国浪漫主义诗人威廉华兹华斯出生在湖区的格拉斯米尔小镇，并诞生了著名的"湖畔诗派"。这些诗人隐居在湖畔，喜爱用自然给予的灵感寻找慰藉，在描写自然风光的字里行间抒发对人生哲理的探寻与思考，形成了 19 世纪英国最早期的浪漫主义流派。现在的华兹华斯博物馆、故居及墓碑已经成为当地的主要观光景点。另外，这里也有英国著名儿童文学作家碧翠克丝·波特的故居，以其著作为主题的彼得兔博物馆非常具有吸引力。所以，充分挖掘文化元素，利用名人效应，也带动了湖区的人气。

三、经验借鉴

（一）详细的规划和关心社区发展

为了打造湖区名片，湖区旅游局编制详细计划。在品牌营销方面，成立湖区公园营销共同体等组织，提升介绍手册、网站、导游、小店等的建设水平，规划设计从圣诞节灯饰到洗手间数量与分布的各项具体事务，支持坎布里亚海军节、爵士音乐节等各类节日活动。同时，关心社区发展，注重地区长期经济利益，在旅游规划方面，综合考虑景点开发所带来的就业机会、产品和服务的供应和销售、物流、基础设施等各方面问题。

（二）湖区小镇的定位各具特色

英国湖区由众多小镇组成，它们在自然风光上虽然同属于"湖光山色"的类型，但其基于自身的交通位置、文化历史背景等因素，进行各具特色的发展定位，提供满足人们不同需求与偏好的产品与服务，让游客在多个小镇间辗转往返，使得湖区呈现出集群效应。例如，温德米尔镇是湖区的门户，设有火车站、巴士总站、游船，便利的交通和完备的导览设施使之成为最重要的旅行集散地；鲍内斯镇具有完善的商业设施，建有很多旅馆、餐厅和商店，是游览湖区的最佳据点，这里是童话《彼得兔的故事》的发源地，是彼得兔粉丝的打卡圣地，也是鲍内斯最重要的 IP；格拉斯米尔镇的维多利亚田园风光使其成为湖区的观光小镇，其中的鸽屋是湖畔派诗人代表华兹华斯在 1799 年买下的一栋别致小屋，英国传统美食姜饼也是该镇的知名标签之一。除此之外，湖区还有以石墨铅笔发源地闻名的凯斯维克小镇、以蒸汽火车闻名的雷克赛德小镇、以拥有 300 多年历史的桥屋而闻名的安布赛德小镇等。

（三）湖区内的交通体系完善

各个小镇独具特色而又自成体系，使得作为整体的湖区在世界范围内具有知名度，而将小镇紧密联结在一起的是湖区内部完整的水陆交通体系。游览湖区的方式包括乘坐火车、观光车、游船，或者划船、徒步、骑行等，整个湖区将所有行进路线进行整合梳理，结合境内自然美景和历史人文资源，形成涵盖不同景点、分为多种难度的游览体系。串联各个小镇的交通网络共打造了 73 条风景游览线路，全长 900 多千米，既有陡峭有挑战性的线路，又有平坦舒适的休闲线路，还有饱含历史感的文化线路，极大丰富了游客的观光体验。这种交通网络盘活了整个区域的集群发展，让各小镇之间相互引流，也使得游客可以在湖区达到总体均衡。

（四）商业服务配套内容丰富

湖区提供的各层级酒店住宿设施、多样化的餐饮、各类百货商店、历史悠久的伴手礼小店、综合服务的农庄等，共同构成了湖区完善的商业服务体系。这种通过商业配套增加营收的方式可以为游客提供更加吸引人的产品、更优质的服务，使游客在旅行中进行休闲消费，营造舒适便捷、休闲自得的高质量体验环境。

（五）居民共治的管理方式

湖区国家公园是管理湖区的国家行政机关，此外，还有五个自治行政机构。湖区管理工作是由国家公园规划机构、乡村规划机构与当地居民不断沟通进行的。虽然这种协商会降低一些工作效率，但总体来讲，可以使得湖区的经营与发展处于良好的进程中，通过发展清洁能源、商业服务、环境维护等，为当地居民的生活与工作提供可持续发展的环境。

（六）时间性与空间性的延展

湖区被称为"英国人的后花园"，夏秋之际是湖区风景最宜人的时段，并且由于湖区的定位是生活度假区而非景点的集合，具有完备的商业设施和生活氛围，因此，其他季节也有不少人愿意到这里休闲放松，湖区所受到的季节的影响较小。另外，由于交通便捷，人们往返湖区的频次大大提升，使得湖区成为人们日常休闲的重要组成部分，其发展也逐步转化为由服务与体验为主的度假区模式，从而提升其品牌效益。

第四节 韩国普门湖区

一、总体情况

普门湖区位于韩国庆州市，占地面积约 1033 公顷，是国际性的观光疗养地，全境被指定为温泉区及观光特区。普门旅游区内有国际会议场、观光中心、高尔夫球场、综合性商店、旅游饭店等设施，都按韩国传统的形式建造。还有游船停泊处、美术馆、露天舞台、汽车剧院等娱乐设施。普门露天舞台每年4月至次年1月都举行韩国传统的国乐表演。庆州市拥有韩国最著名的锡拉王国历史遗址，被世界银行选为优先发展地区，而普门湖区被确立建成新型旅游度假区。目前，湖区已经成为综合性、自成一体、中等密度的滨湖型度假区。

二、产业发展

（一）开发主题鲜明

度假区确立了鲜明的发展主题，即娱乐性、康体性、商务性。度假区建设了完善的娱乐、康体、商务设施，包括饮食购物娱乐中心、会议中心、度假酒店、综合公寓楼、韩式酒店、游乐场、乡村俱乐部等。

（二）增强设施亲水性

湖区充分利用水资源，将许多设施建在湖滨或可以眺望湖水的地方，满足游客的亲水性，并使之成为活动项目最丰富的景观地带。同时，开发划船、钓鱼等众多水上娱乐活动，增强游客与湖水的互动性。

（三）提高建筑的风格化

湖区建筑突出了传统的韩式风格，采用韩式庭院的布局，呈现出浓郁的地域特色。例如，高尔夫球场俱乐部、饮食购物娱乐中心的建筑均采用韩式风格，并成为度假区景观的重要组成部分，其别具一格的建筑风格提高了其对国外游客的吸引力。

三、经验借鉴

（一）湖区与地方行政区融合开发

湖区所在庆州市将度假区开发作为整体规划的一部分，各部门通力为湖区发展提供相应的服务。韩国政府在度假区和庆州市的公路、供水、排水、电力、照明设施、通信、固体垃圾处理、大坝等基础设施建设等方面投入巨资，使得湖区具有高度的地区综合性，并对周边历史、文化和宗教遗址进行投资和保护，达到了共赢的目的。

（二）度假区与村镇协同发展

度假区主动承担起社区发展的责任，不仅没有搬迁居民，而且还修建了村镇的基础设施，允许村镇在度假区就业、开设家庭旅馆等，提高村民的经济收益，改善湖区村民的生活环境，提升了村民开发和建设度假区的热情。由此，湖区可以更好地调节度假区游客的季节性变化。

（三）多元化的融资渠道

世界银行贷款、政府大规模投资和私人资本为湖区发展提供了雄厚的资金保障。世界银行的贷款被用于水坝和其他工程；韩国国家旅游总公司和政府的投资用于基础设施建设；优惠的投资政策吸引大量私人资本进行服务设施等建设。庆州市旅游公司的盈余全部用于度假区的新项目开发，使得度假区形成了边开发边建设的良性循环。

（四）树立良好的环保理念

按国际标准建设湖区的基础设施，建立专门的固体垃圾收集和处理系统；限制机动船只的使用，有效控制水污染和噪声污染；限制建筑层高、与湖的距离，禁止使用户外广告牌，只允许挂标示牌和法律标牌，避免视觉污染。

附 录 一

《生产性服务业统计分类》新旧对照表

2019 年新标准				2015 年旧标准				备注
代 码			行业分类代码（2017）	代 码			行业分类代码（2011）	
大类	中类	小类		大类	中类	小类		
01				11				
	011				111			
		研发设计与其他技术服务					研发设计与其他技术服务			
		研发与设计服务				研发与设计服务		
		0111	生产性自然科学研究和试验发展	7310*			1111	生产性自然科学研究和试验发展	7310*	
		0112	工程和技术研究和试验发展	7320			1112	工程和技术研究和试验发展	7320	
		0113	农业科学研究和试验发展	7330			1113	农业科学研究和试验发展	7330	
		0114	生产性医学研究和试验发展	7340*			1114	生产性医学研究和试验发展	7340*	
		0115	工业设计服务	7491			1115	专业化设计服务	7491	新增，原 7491 部分内容调到此类
		0116	专业设计服务	7492			1115	专业化设计服务	7491	更名，内容变更，原 7491 部分内容调出

续表

2019年新标准					2015年旧标准					
代　码			名　称	行业分类代码(2017)	代　码			名　称	行业分类代码(2011)	备注
大类	中类	小类			大类	中类	小类			
01	012		科技成果转化服务			112		科技成果转化服务		
		0121	农林牧渔技术推广服务	7511			1121	农业技术推广服务	7511	更名
		0122	生物技术推广服务	7512			1122	生物技术推广服务	7512	
		0123	新材料科技推广服务	7513			1123	新材料科技推广服务	7513	
		0124	新能源技术推广服务	7515			1124	其他技术推广服务	7519**	新增，原7519**部分内容调到此类
		0125	三维(3D)打印技术推广服务	7517			1124	其他技术推广服务	7519**	新增，原7519**部分内容调到此类
		0126	其他生产性技术推广服务	7519*			1124	其他技术推广服务	7519**	更名，内容变更，原7519**部分内容调出
		0127	科技中介服务	7530			1126	科技中介服务	7520	内容变更，原7520、7590部分内容调出
		0128	创业空间服务	7540			1125	其他科技推广和应用服务业	7590	新增，原7520、7590部分内容调到此类
							1126	科技中介服务	7520	
		0129	其他科技推广服务业	7590			1125	其他科技推广和应用服务业	7590	更名，内容变更，原7590部分内容调出

续表

代码（大类）	代码（中类）	代码（小类）	2019年新标准 名称	行业分类代码（2017）	代码（大类）	代码（中类）	代码（小类）	2015年旧标准 名称	行业分类代码（2011）	备注
	013		知识产权及相关法律服务			113		知识产权及相关法律服务		
		0131	知识产权服务	7520			1131	知识产权服务	7250	
		0132	生产性法律服务	723*			1132	生产性法律服务	722*	
	014		检验检测认证标准计量服务			114		检验检测认证标准计量服务		
		0140	质检技术服务	745			1140	质检技术服务	7450	
	015		生产性专业技术服务			115		生产性专业技术服务		
		0151	生产性气象服务	7410*			1151	生产性气象服务	7410*	
		0152	生产性地震服务	7420*			1152	生产性地震服务	7420*	
		0153	生产性海洋服务	743*			1153	生产性海洋服务	7430*	
		0154	生产性测绘服务	744*			1154	生产性测绘服务	7440*	
01		0155	地质勘查服务	747			1155	矿产勘查服务	7471 7472 7473	更名，内容变更，增加7474和7475
		0156	工程管理服务	7481			1156	工程管理服务	7481	内容变更，原7481部分内容调出
		0157	工程监理服务	7482			1156	工程管理服务	7481	新增，原7481部分内容调到此类

续表

2019年新标准					2015年旧标准					备注
代码			行业分类代码(2017)	名称	代码			名称	行业分类代码(2011)	
大类	中类	小类			大类	中类	小类			
01	015	0158	7462* 7463* 7483 7484 7485 7486 7493 7499	其他生产性专业技术服务			1157	其他生产性专业技术服务	7482 7493 7499	内容变更，增加7462*、7463*、7485、7486内容
02				货物运输、通用航空生产、仓储和邮政快递服务	12			货物运输、仓储和邮政快递服务		
	021			货物运输服务		121		货物运输服务		
		0211	5320	铁路货物运输			1211	铁路货物运输	5320	
		0212	543	道路货物运输			1212	道路货物运输	5430	
		0213	552	水上货物运输			1213	水上货物运输	552	
		0214	5612	航空货物运输			1214	航空货物运输	5612	
		0215	57	管道运输业			1215	管道运输业	5700	
	022			货物运输辅助服务		122		货物运输辅助服务		
		0221	5332 5333 5339	铁路货物运输辅助活动			1221	铁路运输辅助活动	533	更名，内容变更

续表

2019 年新标准 代码 大类	中类	小类	名称	行业分类代码 (2017)	2015 年旧标准 代码 大类	中类	小类	名称	行业分类代码 (2011)	备注
02	022	0222	道路货物运输辅助活动	5442 5443 5449*			1222	道路运输辅助活动	544	更名，内容变更
		0223	水上货物运输辅助活动	5532 5539			1223	水上运输辅助活动	553	更名，内容变更
		0224	航空货物运输辅助活动	5631* 5632 5639			1224	航空运输辅助活动	563	更名，内容变更
	023	0230	通用航空生产服务 通用航空生产服务	5621 5629*						新增
	024		仓储服务			123		仓储服务		
		0241	谷物、棉花等农产品仓储	595			1231	谷物、棉花等农产品仓储	591	新增，原5990部分内容调到此类
		0242	通用仓储	5920			1232	其他仓储业	5990	新增，原5990部分内容调到此类
		0243	低温仓储	5930			1232	其他仓储业	5990	新增，原5990部分内容调到此类

续表

2019年新标准 代码 大类	中类	小类	2019年新标准 名称	行业分类代码(2017)	2015年旧标准 代码 大类	中类	小类	2015年旧标准 名称	行业分类代码(2011)	备注
		0244	危险品仓储	594			1232	其他仓储业	5990	新增，原5990部分内容调到此类
	024	0245	中药材仓储	5960			1232	其他仓储业	5990	新增，原5990部分内容调到此类
		0246	其他仓储业	5990			1232	其他仓储业	5990	内容变更，原5990部分内容调出
	025		搬运、包装和代理服务			124		搬运、包装和代理服务		
		0251	生产性装卸搬运	5910*			1241	生产性装卸搬运	5810*	
02		0252	生产性包装服务	7292*			1242	生产性包装服务	7293*	
		0253	货物运输代理服务	5810 5821 5829			1243	货物运输代理	5821 5829	更名
	026		国家邮政和快递服务			125		国家邮政和快递服务		
		0261	生产性邮政服务	6010*			1251	生产性邮政服务	6010*	
		0262	生产性快递服务	6020*			1252	生产性快递服务	6020*	内容变更，原6020*部分内容调出
		0263	其他生产活动寄递服务	6090*			1252	生产性快递服务	6020*	新增，原6020*部分内容调到此类

续表

2019年新标准 代码 大类	中类	小类	2019年新标准 名称	行业分类码（2017）	2015年旧标准 代码 大类	中类	小类	2015年旧标准 名称	行业分类码（2011）	备注
03			信息服务		13			信息服务		
	031		信息传输服务			131		信息传输服务		
		0311	生产性固定电信服务	6311*			1311	生产性固定电信服务	6311*	
		0312	生产性移动电信服务	6312*			1312	生产性移动电信服务	6312*	更名，内容变更
		0313	其他生产活动电信服务	6319*			1313	其他生产活动电信服务	6319*	内容变更
	032		信息技术服务			132		信息技术服务		
		0321	生产性互联网接入及相关服务	6410*			1321	生产性互联网服务	6410*	更名
		0322	生产性互联网信息服务	642*			1322	互联网信息服务	6420	
		0323	其他互联网服务	6490*			1323	其他互联网服务	6490	内容变更
		0324	软件开发	6511 6512 6513* 6519			1324	软件开发	6510	内容变更
		0325	信息技术咨询服务	6560			1325	信息技术咨询服务	6530	
		0326	信息系统集成和物联网技术、运行维护服务	653 6540			1326	信息系统集成服务	6520	更名
		0327	集成电路设计	6520			1327	集成电路设计	6550	

续表

2019年新标准 代码 大类	中类	小类	名称	行业分类代码(2017)	2015年旧标准 代码 大类	中类	小类	名称	行业分类代码(2011)	备注
03	032	0328	生产性数字内容服务	6571 6572* 6579*			1328	其他信息技术服务业	659	新增，原659部分内容调到此类
		0329	其他信息技术服务业	659			1328	其他信息技术服务业	659	内容变更，原659部分内容调出
	033		电子商务支持服务			133		电子商务支持服务		
		0331	互联网生产服务平台	6431			1331	数据处理和存储服务	6540	新增，原6540部分内容调到此类
		0332	互联网科技创新平台	6433			1331	数据处理和存储服务	6540	新增，原6540部分内容调到此类
		0333	互联网安全服务	6440			1331	数据处理和存储服务	6540	新增，原6540部分内容调到此类
		0334	互联网数据及云计算服务	6450*			1331	数据处理和存储服务	6540	新增，原6540部分内容调到此类
		0335	信息处理和存储支持服务	6550			1331	数据处理和存储服务	6540	更名，内容变更，原6540部分内容调出
		0336	其他互联网平台	6439			1331	数据处理和存储服务	6540	新增，原6540部分内容调到此类

续表

2019年新标准					2015年旧标准					备注
大类	中类	小类	名称	行业分类代码(2017)	名称	大类	中类	小类	行业分类代码(2011)	
03	033	0337	生产性互联网销售	5292*	互联网销售			1332	5294*	更名
		0338	生产性非金融机构支付服务	6930*	非金融机构支付服务			1333	6930	更名，内容变更
04			金融服务		金融服务	14				
	041		货币金融服务		货币金融服务		141			
		0411	商业银行服务	6621*	商业银行服务			1411	6620*	内容变更，将原6620*部分内容调出
		0412	信用合作社服务	6623*	商业银行服务			1411	6620*	新增，将原6620*部分内容调到此类
		0413	财务公司服务	6632	财务公司			1412	6632	更名
		0414	汽车金融公司服务	6634*	其他非货币银行服务			1413	6639	新增，原6639部分内容调到此类
		0415	小额贷款公司服务	6635*	其他非货币银行服务			1413	6639	新增，原6639部分内容调到此类
		0416	网络借贷服务	6637*	其他非货币银行服务			1413	6639	新增，原6639部分内容调到此类
		0417	其他货币金融服务	6624* 6629* 6639* 6640*	其他非货币银行服务			1413	6639	更名，内容变更，原6639部分内容调出，增加6624、6629、6640部分内容

续表

2019 年新标准				2015 年旧标准					备注
代码			名　称	行业分类代码 (2017)	代码			名　称	行业分类代码 (2011)
大类	中类	小类			大类	中类	小类		
04	041	0418	银行监管服务	6650			1414	银行监管服务	6640	
	042		资本市场服务			142		资本市场服务	6711 6712 6790	新增，原 6711 和 6712 内容调到此类
		0421	证券市场服务	671			1424	其他证券和资本服务		
		0422	基金管理服务	6720 673			1421	基金管理服务	6713	
		0423	期货市场服务	674			1422	期货市场服务	672	
		0424	资本投资服务	6760			1423	资本投资服务	6740	
		0425	其他资本服务	6790			1424	其他证券和资本服务	6711 6712 6790	更名，内容变更，原 6711 和 6712 内容调出
	043		生产性保险服务			143		生产性保险服务		
		0431	生产性财产保险	6820*			1431	生产性财产保险	6820*	
		0432	生产性再保险	6830*			1432	生产性再保险	6830*	
		0433	保险经纪与代理服务	6851 6852			1433	保险经纪与代理服务	6850	
		0434	保险监管服务	6870			1434	保险监管服务	6860	

续表

2019年新标准					2015年旧标准					备注
代码			名称	行业分类代码(2017)	代码			名称	行业分类代码(2011)	
大类	中类	小类			大类	中类	小类			
		0435	保险公估服务	6853			1435	风险和损失评估	6891	更名
	043	0436	保险资产管理	6860			1436	其他未列明保险活动	6899	新增，原6899部分内容调到此类
		0437	其他保险活动	6890*			1436	其他未列明保险活动	6899	更名，内容变更，原6899部分内容调出
04	044		其他生产性金融服务			144		其他生产性金融服务		
		0441	非融资担保服务	7296			1441	担保服务	7296	更名，内容变更，原7296部分内容调出
		0442	金融信托与管理服务	691			1442	金融信托与管理服务	6910	
		0443	控股公司服务	6920			1443	控股公司服务	6920	
		0444	金融信息服务	6940			1444	金融信息服务	6940	
		0445	金融资产管理公司	6950			1445	其他未列明金融业	6990	新增，原6990部分内容调到此类
		0446	其他未列明金融业	6991 6999*			1445 1441	其他未列明金融业 担保服务	6990 7296	内容变更，原6990部分内容调出，原7296部分内容调到此类

续表

2019年新标准					2015年旧标准					备注
代码			名称	行业分类代码(2017)	代码			名称	行业分类代码(2011)	
大类	中类	小类			大类	中类	小类			
05			节能与环保服务		15			节能与环保服务		
	051		节能服务			151		节能服务		
		0511	节能技术和产品推广服务	7514*			1511	节能技术和产品推广服务	7514**	
		0512	节能咨询服务	7514*			1512	节能咨询服务	7514**	
	052		环境与污染治理服务			152		环境与污染治理服务		
		0521	生产性环境保护监测	7461*			1521	生产性环境保护监测	7461*	
		0522	环保技术推广服务	7516			1522	环保技术推广服务	7519**	更名
		0523	生产性污水处理和水污染治理	4620* 7721*			1523	生产性污水处理和水污染治理	4620* 7721*	
		0524	生产性大气污染治理	7722*			1524	生产性大气污染治理	7722*	
		0525	生产性固体废物治理	7723*			1525	生产性固体废物治理	7723*	
		0526	生产性危险废物治理	7724			1526	生产性危险废物治理	7724*	
		0527	生产性放射性废物治理	7725*			1527	生产性放射性废物治理	7725*	
		0528	生产性其他污染治理	7726* 7727* 7729*			1528	生产性其他污染治理	7729*	

续表

2019年新标准 代码 大类	中类	小类	行业分类代码(2017)	名称	2015年旧标准 名称	代码 大类	中类	小类	行业分类代码(2011)	备注
05	053			回收与利用服务	回收与利用服务		153			
		0530	5191	再生物资回收与批发	再生物资回收与批发			1531	5191	
06	061			生产性租赁服务	生产性租赁服务		161			
				融资租赁服务	融资租赁服务					
		0610	6631	融资租赁服务	金融租赁服务			1610	6631	更名
	062			实物租赁服务	实物租赁服务		162			
		0621	7111*	生产性汽车租赁	汽车租赁			1621	7111	更名，内容变更
		0622	7112	农业机械经营租赁	农业机械租赁			1622	7112	更名
		0623	7113	建筑工程机械与设备经营租赁	建筑工程机械与设备租赁			1623	7113	更名
		0624	7114	计算机及通讯设备经营租赁	计算机及通讯设备租赁			1624	7114	更名
		0625	7115	医疗设备经营租赁	其他机械与设备租赁			1625	7119	新增，原7119部分内容调到此类
		0626	7119	其他机械与设备经营租赁	其他机械与设备租赁			1625	7119	更名，内容变更，原7119部分内容调出
07				商务服务	商务服务					
	071			组织管理和综合管理服务	企业管理与法律服务		171			
		0711	7211	企业总部管理	企业总部管理			1711	7211	内容变更，原7212部分内容调出
		0712	7212	投资与资产管理	投资与资产管理			1712	7212	调出

续表

2019年新标准					2015年旧标准					备注
大类	中类	小类	名称	行业分类代码(2017)	大类	中类	小类	名称	行业分类代码(2011)	
07	071	0713	资源与产权交易服务	7213			1712	投资与资产管理	7212	新增，原7212部分内容调到此类
		0714	单位后勤管理服务	7214			1713	单位后勤管理服务	7213	
		0715	农村集体经济组织管理	7215			1714	其他企业管理服务	7219	新增，原7219部分内容调到此类
		0716	其他组织管理服务	7219*			1714	其他企业管理服务	7219	内容变更，原7219部分内容调出
		0717	园区和商业综合体管理服务	7221 7222*			1714	其他企业管理服务	7219	新增，原7219部分内容调到此类
		0718	供应链管理服务	7224			1714	其他企业管理服务	7219	新增，原7219部分内容调到此类
		0719	其他综合性管理服务	7229*			1714	其他企业管理服务	7219	新增，原7219部分内容调到此类
	072		咨询与调查服务			172		咨询与调查服务		
		0721	会计、审计及税务服务	7241			1721	会计、审计及税务服务	7231	
		0722	市场调查	7242			1722	市场调查	7232	

续表

2019年新标准					2015年旧标准					备注
代码			名称	行业分类代码(2017)	代码			名称	行业分类代码(2011)	
大类	中类	小类			大类	中类	小类			
07										
	072	0723	商务咨询服务	7243 7244* 7245 7246* 7249*			1723	商务咨询服务	7233 7239	内容变更
	073		其他生产性商务服务			173				
		0731	广告业	725			1731	广告业	7240	
		0732	生产性安全保护服务	727*			1732	生产性安全保护服务	728*	更名，内容变更
		0733	生产性市场管理服务	7223*			1733	市场管理	7291	更名
		0734	会议、展览及相关服务	728			1734	会议及展览服务	7292	更名
		0735	办公和翻译服务	7293* 7294			1735	办公服务	7294	更名
		0736	信用服务	7295			1736	信用服务	7295	
		0737	其他未列明生产性商务服务	7297 7298 7299 9051 9052			1737	其他未列明商务服务业	7299	更名

续表

2019年新标准					2015年旧标准					备注
大类	中类	小类	名称	行业分类代码(2017)	大类	中类	小类	名称	行业分类代码(2011)	
08	081		人力资源管理与职业教育培训服务					人力资源管理与培训服务		
			人力资源管理			181		人力资源管理		
		0811	职业中介服务	7262*			1811	职业中介服务	7262	
		0812	劳务派遣服务	7263*			1812	劳务派遣服务	7263	
		0813	创业指导服务	7264*			1813	其他人力资源服务	7269	新增，原7269部分内容调到此类
		0814	其他人力资源服务	7269			1813	其他人力资源服务	7269	内容变更，原7269部分内容调出
	082		职业教育和培训			182		职业教育和培训		
		0821	职业初中教育	8332*			1821	职业初中教育	8232	内容变更
		0822	中等职业学校教育	8336*			1822	中等职业学校教育	8236	内容变更
		0823	高等职业学校教育	8341*			1823	高等职业学校教育	8241*	内容变更
		0824	职业技能培训	8391*			1824	职业技能培训	8291	内容变更
09	091		批发与贸易经纪代理服务		19	191		批发经纪代理服务		
			产品批发服务	511				产品批发服务		
		0911	农、林、牧、渔产品及宠物食品用品批发	511、5192			1911	农、林、牧产品批发	511	更名

续表

代码（2019年新标准）			名称	行业分类代码(2017)	代码（2015年旧标准）			名称	行业分类代码(2011)	备注
大类	中类	小类			大类	中类	小类			
09	091	0912	食品、饮料及烟草制品批发	512			1912	食品、饮料及烟草制品批发	512	
		0913	纺织、服装及家庭用品批发	513			1913	纺织、服装及家庭用品批发	513	
		0914	文化、体育用品及器材批发	514			1914	文化、体育用品及器材批发	514	
		0915	医药及医疗器材批发	515			1915	医药及医疗器材批发	515	
		0916	矿产品、建材及化工产品批发	516			1916	矿产品、建材及化工产品批发	516	
		0917	机械设备、五金产品及电子产品批发	517			1917	机械设备、五金产品及电子产品批发	517	
		0918	互联网批发	5193			1918	其他未列明批发业	5199	新增，原5199部分内容调到此类
		0919	其他未列明批发业	5199			1918	其他未列明批发业	5199	内容变更，原5199部分内容调出
	092		贸易经纪代理服务			192		贸易经纪代理服务		
		0921	贸易代理	5181			1921	贸易代理	5181	
		0922	一般物品拍卖	5182			1922	拍卖	5182	新增，将原5182分解
		0923	艺术品、收藏品拍卖	5183			1922	拍卖	5182	新增，将原5182分解
		0924	艺术品代理	5184			1923	其他贸易经纪与代理	5189	新增，原5189部分内容调到此类
		0925	其他贸易经纪与代理	5189			1923	其他贸易经纪与代理	5189	内容变更，原5189部分内容调出

续表

2019 年新标准					2015 年旧标准					备注
大类	中类	小类	名称	行业分类代码(2017)	大类	中类	小类	名称	行业分类代码(2011)	
10			生产性支持服务		20			生产性支持服务		
	101		农林牧渔专业及辅助性活动			201		农林牧渔支持服务		
		1011	农业专业及辅助性活动	051			2011	农业服务业	051	更名
		1012	林业专业及辅助性活动	052			2012	林业服务业	052	更名
		1013	畜牧专业及辅助性活动	053			2013	畜牧服务业	053	更名
		1014	渔业专业及辅助性活动	054			2014	渔业服务业	054	更名
	102		开采专业及辅助性活动			202		开采辅助服务		
		1021	煤炭开采和洗选专业及辅助性活动	1110			2021	煤炭开采和洗选辅助活动	1110	更名
		1022	石油和天然气开采专业及辅助性活动	1120			2022	石油和天然气开采辅助活动	1120	更名
		1023	其他开采专业及辅助性活动	1190			2023	其他开采辅助活动	1190	更名
	103		为生产人员提供的支助服务			203		为生产人员提供的支助服务		
		1031	为生产人员提供的交通服务	531* 541* 542* 551* 5611*			2031	为生产人员提供的交通服务	5310* 541* 5420* 551* 5611*	

续表

大类	中类	小类	名称	行业分类代码(2017)	大类	中类	小类	名称	行业分类代码(2011)	备注
10	103	1032	为生产人员提供的其他支助服务	6110* 612* 6190* 8491*			2032	为生产人员提供的其他支助服务	6110* 6120* 6210* 6291* 6299*	内容变更
	104		机械设备修理和售后服务			204		机械设备修理和售后服务		
		1041	金属制品、机械和设备修理业	43			2041	金属制品、机械和设备修理业	43	内容变更
		1042	生产用汽车修理与维护	8111*			2042	生产用汽车修理与维护	8011*	内容变更，原 8011*部分内容调出
		1043	生产用大型车辆装备修理与维护	8112*			2042	生产用汽车修理与维护	8011*	新增，原 8011*部分内容调到此类
		1044	生产用摩托车修理与维护	8113*						新增
		1045	生产用助动车修理与维护	8114*						新增
		1046	生产用计算机和办公设备维修	8121* 8122* 8129			2043	计算机和办公设备维修	802	更名，内容变更
		1047	生产用电器修理	813*			2044	生产用电器修理	803*	

续表

2019 年新标准				2015 年旧标准					备注
代　码			行业分类代码（2017）	名　称	代　码			行业分类代码（2011）	
大类	中类	小类			大类	中类	小类		
10	105			生产性保洁服务		205			
		1051	8211	建筑物清洁服务			2051	8111	
		1052	8219*	其他生产性清洁服务			2052	8119	更名，内容变更

附录二

青浦市级工业园区

名称	主导产业
上海青浦工业园区	精密机械、电子信息、印刷等

青浦主要生产性服务业功能区

名称	主导产业
上海华新生产性服务业功能区	物流仓储（农产品）、总部型经济
上海淀山湖生产性服务业功能区	总部经济、软件信息服务业等

青浦郊区新城

名称	重点产业
青浦淀山湖新城	生物医药、新材料、新一代电子信息、生产性服务业等

青浦主要电子商务园区

名称	主导产业
海博西虹桥冷链物流园	冷链物流：从采购、储运、加工到分销、服务代理一体化的冷链物流的全产业链
中国（上海）国际贸易中心网功能区	以贸易、物流与会展为引领、商务为内容、信息为基础、集聚为特色的新兴功能区

附　录　三

《上海市饮用水水源保护缓冲区管理办法》

第一条（目的依据）

为加强饮用水水源保护，规范饮用水水源保护缓冲区管理，根据《中华人民共和国水污染防治法》《中华人民共和国水法》《上海市饮用水水源保护条例》《上海市水资源管理若干规定》等法律、法规，制定本办法。

第二条（设置原则）

综合考虑本市饮用水水源保护现状，根据本市河网水系的潮汐、汇水区等特点，分层次、精细化实施水源保护区管理。在按照国家技术规范划定的饮用水水源一级保护区、二级保护区以及准水源保护区外，设置饮用水水源保护缓冲区（以下简称"缓冲区"），进一步确保本市饮用水水源质量和安全。

第三条（部门职责）

市生态环境部门负责全市缓冲区环境保护的统一监督管理。区生态环境部门负责本辖区范围内缓冲区环境保护的监督管理。

交通、海事部门根据各自职责，负责缓冲区内码头、船舶污染防治的监督管理。

发展改革、经济信息化、公安、住房城乡建设管理、规划资源、水务、农业农村、绿化市容、市场监管、城管执法、应急等部门根据各自职责，做好缓冲区环境保护工作。

第四条（政府责任）

市、区政府和街镇对本行政区域内缓冲区的环境质量负责。街镇应当在区生态环境、规划资源、经济信息化等相关部门的指导下，将本辖区范围内缓冲区的环境保护工作纳入网格化监管，建立环境问题发现、报告和处置机制，助力区域产业结构和布局优化调整。

第五条（企业事业单位义务）

缓冲区内的企业事业单位和其他生产经营者应当遵守环境保护相关法律、法规，防止水体污染和生态破坏，履行污染监测、报告等义务，对所造成的损害依法承担责任。重点排污单位应当依法主动公开环境信息。

第六条（缓冲区划定程序）

缓冲区范围的划定和调整，由市生态环境部门会同市发展改革、水务、规划资源、经济信息化、交通、农业农村等部门以及相关区政府在组织专家科学论证的基础上提出方案，报市政府批准后公布执行。

第七条（生态补偿政策）

本市饮用水水源保护生态补偿制度适用于缓冲区。市、区政府在饮用水水源保护生态补偿财政转移支付过程中，将缓冲区纳入转移支付范围。补偿标准，可按照饮用水水源准保护区的一定比例执行。

第八条（排污总量控制）

市生态环境部门应当根据本市饮用水水源保护的需要，制定本市缓冲区水污染物排放总量要求和排放标准。

第九条（缓冲区产业准入要求）

禁止新建、扩建涉及一类污染物、电镀、金属冶炼及压延、化工（除单纯混合或分装外）等对水体污染严重的建设项目。新建、扩建其它建设项目，不得增加区域水污染物排放总量。

改建建设项目，不得增加水污染物排放量。

对建设项目准入实施负面清单管理，并根据实际情况，适时动态调整。

第十条（缓冲区固废污染防治）

禁止向水体排放、倾倒危险废物、一般工业固体废弃物、生活垃圾、建筑垃圾、有毒有害物品等固体废弃物。

第十一条（缓冲区固废设施管控）

禁止设置危险废物、一般工业固体废弃物、生活垃圾和建筑垃圾的集中贮存和处置设施。

设置建筑垃圾等资源化利用企业、生活垃圾转运等设施，应当符合规划布局和环保要求，住房城乡建设管理、绿化市容、生态环境等部门应当加强管理。

　　第十二条（缓冲区农业污染防治）

　　禁止新设规模化畜禽养殖场；从事农业种植的，应当合理使用化肥农药，逐步减少使用量，防止污染水体；从事投饵养殖的，养殖单位或者个人应当规范投饵和使用药物，防止污染水体。

　　第十三条（码头和船舶污染防治）

　　除可设置符合规划和环保要求的船舶加油站、加气站之外，缓冲区内禁止新建、改建、扩建危险品装卸码头。在缓冲区内的码头，港口经营单位应当采取污水纳管以及防止货物散落水体等措施。

　　在缓冲区水域范围内，不得航行装载国家禁止运输的危险化学品以及危险废物（废矿物油除外）的船舶。

　　在缓冲区水域范围内，禁止排放船舶洗舱水、生活污水和垃圾等污染物。

　　第十四条（水质监测和管理）

　　市和区生态环境、水务部门应当加强对缓冲区内水体的水质监测，将其纳入现有水质监测信息系统；发现异常情况的，应当及时向同级政府报告，并采取有效措施，防止污染饮用水水源。

　　第十五条（环境保护执法）

　　市、区生态环境部门应当加强对缓冲区内污染物排放情况的监督检查，发现违法排污的，应当依法责令排污单位或者个人停止污染物排放；拒不停止排放污染物的，市或者区生态环境部门可以报请同级政府批准，依法采取措施予以停产或者关闭，相关供水、供电、供气等单位应当予以配合。

　　对不能确定责任人的污染物，由所在地的区政府组织有关部门予以清理。

　　第十六条（产业园区环境管理）

　　缓冲区内的产业园区管理机构应当严格产业准入环境标准，做好园区环境基础设施规划，配套建设污水收集处理等环境基础设施，建立环境基础设施的运行、维护制度，并保障其正常运行。

　　第十七条（土壤和地下水污染防控）

　　缓冲区内的加油站经营企业和其他重点污染物排放单位应当按照有关法律、

法规，严格做好土壤和地下水风险防范工作。

第十八条（污染事故应急处置）

市、区应当组织编制缓冲区污染事故应急预案。

有关单位发生突发性事件，造成或者可能造成缓冲区内严重水体污染事故的，应当采取应急措施，向市、区生态环境部门或者应急联动机构报告。市、区生态环境等部门视情况及时启动相应污染事故应急预案。

第十九条（约谈）

有下列情形之一的，市生态环境部门应当会同相关行政管理部门约谈区政府主要负责人，约谈情况向社会公开：

（一）未完成缓冲区环境质量改善目标的；

（二）未完成缓冲区重大污染治理任务的；

（三）缓冲区发生严重环境污染事故或者对生态破坏事件处置不力的；

（四）其他依法应当约谈的情形。

第二十条（部门责任追究）

有关部门及其工作人员违反本办法规定，有下列行为之一的，由其所在单位或者上级主管部门给予行政处分；构成犯罪的，依法追究刑事责任：

（一）发现违法行为或者接到对违法行为的举报后，不予查处的；

（二）未依照本办法规定履行监督管理职责的；

（三）其他玩忽职守、滥用职权、徇私舞弊的行为。

第二十一条（施行时间）

本办法自 2019 年 3 月 1 日起施行，有效期至 2024 年 2 月 29 日。

附录四

水源保护缓冲区与准保护区管控要求对照表

序号	准保护区	缓冲区
1	第三条 市和区县人民政府对本辖区范围内饮用水水源的水环境质量负责。饮用水水源保护工作纳入市和区县人民政府环境保护目标考核评价范围	第四条 市、区和乡镇人民政府对本行政区域内缓冲区的环境质量负责。街镇应当在区环境保护、规划、经济信息化等相关行政管理部门的指导下，将本辖区范围内缓冲区的环境保护工作纳入网格化监管，建立环境问题发现、报告和处置机制，助力区域产业结构和布局优化调整
2	第六条 本市建立饮用水水源保护生态补偿制度。市和区县人民政府应当建立饮用水水源保护生态补偿财政转移支付等相关制度，促进饮用水水源保护地区和其他地区的协调发展。具体办法由市发展改革行政管理部门会同市财政等有关行政管理部门提出方案，报市人民政府批准后执行	第七条 本市饮用水水源保护生态补偿制度适用于缓冲区。市、区政府在饮用水水源保护生态补偿财政转移支付过程中，将缓冲区纳入转移支付范围，补偿标准，可按照饮用水水源准保护区的一定比例执行
3	第十四条 在饮用水水源准保护区内，禁止下列行为：（一）新建、扩建污染水体的建设项目或者会增加排污量的改建项目	第九条 禁止新建、扩建涉及一类污染物、电镀、金属冶炼及压延、化工（除单纯混合或分装外）等对水体污染严重的建设项目。新建、扩建其它建设项目，不得增加区域水污染物排放总量。改建建设项目，不得增加水污染物排放量
4	第十四条 在饮用水水源准保护区内，禁止下列行为：（二）设置危险废物、生活垃圾堆放场所和处置场所；（五）堆放、倾倒和填埋粉煤灰、废渣、放射性物品、有毒有害物品等各种固体废物	第十条 禁止向水体排放、倾倒危险废物、一般工业固体废弃物、生活垃圾、建筑垃圾、有毒有害物品等固体废弃物。第十一条禁止设置危险废物、一般工业固体废弃物、生活垃圾和建筑垃圾的集中贮存和处置设施。设置建筑垃圾等资源化利用企业、生活垃圾转运等设施，应当符合规划布局和环保要求，住房城乡建设管理、绿化市容和生态环境等部门应当加强管理

城市湖区商务服务业发展战略研究

续表

序号	准保护区	缓冲区
5	第十四条　在饮用水水源准保护区内，禁止下列行为：（六）新设规模化畜禽养殖场。第十七条　在饮用水水源二级保护区和准保护区内从事农业种植的，应当开展测土配方施肥，使用有机肥料和生物农药，减少使用化肥和化学农药，防止污染饮用水水源	第十二条　禁止新设规模化畜禽养殖场；从事农业种植的，应当合理使用化肥农药，逐步减少使用量，防止污染水体；从事投饵养殖的，养殖单位或者个人应当规范投饵和使用药物，防止污染水体

· 198 ·

参考文献

［1］ Bennett R J, Graham D J, Braggon W. The Location and Concentration of Business in Britain: Business Clusters, Business Services, Market Coverage and Local Economic Development ［J］. Transaction of the Institute of British Geographers, 1999, 24（4）: 393－420.

［2］ Burt S R. Structural Holes: The Social Structure of Competition ［M］. Cambridge: Harvard University Press, 1992.

［3］ Coffey W J, Polèse M, Drolet R. Examining the Thesis of Central Business District Decline: Evidence from the Montreal Metropolitan Area ［J］. Environment and Planning A, 1996, 28（10）: 1795－1814.

［4］ Gallego J, Maroto A. The Specialization in Knowledge－Intensive Business Services（KIBS）across Europe: Permanent Co－Localization to Debate ［J］. Regional Studies, 2015, 49（4）: 644－664.

［5］ Glaeser E L. Learning in Cities ［J］. Journal of Urban Economics, 1999, 46（2）: 254－277.

［6］ Kox H L M, Rubalcaba L. Analysing the Contribution of Business Services to European Economic Growth ［J］. MPRA Paper, 2003.

［7］ Romero I, Tejada P. A Multilevel Approach to the Study of Production Chains in the Tourism Sector ［J］. Tourism Management, 2011（32）: 297－306.

［8］ Sterlacchini A. R&D, Higher Education and Regional Growth － Uneven

Linkages among European Regions［J］. Research Policy, 2008, 37（6-7）：1096-1107.

［9］ Valentina M, Maria S. The Determinants of Regional Specialization in Business Services：Agglomeration Economies, Vertical Linkages and Innovation［J］. Journal of Economics Geography, 2014（6）：1-30.

［10］ Wernerheim M C, Sharpe C. High Order Producer Services in Metropolitan Canada：How Footloose Are They?［J］. Regional Studies, 2003（37）：469-490.

［11］昌忠泽. 上海产业结构调整：成效、问题及政策建议［J］. 区域金融研究, 2017（2）：5-12.

［12］陈红霞. 北京市生产性服务业空间分布与集聚特征的演变［J］. 经济地理, 2018（5）：108-116.

［13］陈乃毅. 探究全面开放税务服务市场带来的思考［J］. 财会学习, 2016（22）：152, 154.

［14］陈少峰, 侯杰耀. 文化旅游产业的最新发展动向［J］. 艺术评论, 2018（12）：7-13.

［15］高秀娟, 彭春燕. 我国现代服务业的地区分布、制约因素及解决途径研究［J］. 青岛科技大学学报（社会科学版）, 2017（9）：57-63.

［16］郭继丰, 周美玲. 新形势下信用服务业发展新机遇［J］. 上海商业, 2019（2）：18-21.

［17］贺红权, 张婉君, 刘伟. 旅游产业价值链解读［J］. 华东经济管理, 2011（8）：46-48.

［18］黄继元. 旅游企业在旅游产业价值链中的竞争与合作［J］. 经济问题探索, 2006（9）：97-101.

［19］李勇军. 会展产业价值链及其组织网络构成［J］. 广东行政学院学报, 2016（8）：75-80.

［20］李煜. 上海大都市区知识密集型产业的空间分布及其影响因素［D］. 华东师范大学硕士学位论文, 2017.

［21］梁红艳. 中国城市群生产性服务业分布动态、差异分解与收敛性

［J］．数量经济技术经济研究，2018（12）：40 – 60.

［22］林莹．翁瑞光：在颠覆中成长的中国市场调查行业［J］．中国广告，2019（2）：36 – 40.

［23］刘亭立．旅游价值链研究综述：回顾与展望［J］．旅游学刊，2013（2）：60 – 66.

［24］刘贤腾．1980 年代以来上海城市人口空间分布及其演变［J］．城市研究，2016（5）：80 – 85.

［25］刘妍．北京 CBD 文创产业与商务服务业融合路径研究［J］．市场周刊，2016（6）：43 – 45.

［26］刘叶．我国商务服务业的空间集聚及其外溢效应研究——基于 276 个地级市面板数据的实证分析［J］．软科学，2017（8）：81 – 85.

［27］刘奕，李垚．建设多层次的国家服务业集聚中心：综合评价与政策建议［J］．城市与环境研究，2018（4）：38 – 50.

［28］刘莹，王田．绿色供应链管理：发展进程、国外经验和借鉴启示［J］．生态经济，2016（6）：138 – 141.

［29］刘英奎等．2018 中国展览经济发展报告［EB/OL］．中国贸促会官网，http：//www. ccpit. org/.

［30］吕敏．“互联网＋”背景下管理会计咨询服务业发展趋势与对策［J］．广西经济管理干部学院，2018（3）：31 – 36.

［31］彭丹，胡俊青，蓬海伦．城市智能化对旅游产业价值链优化的贡献——以四大直辖市为例［J］．经济论坛，2019（5）：89 – 97.

［32］邱晓光．公司审计服务的规制与完善［J］．社会科学家，2011（12）：122 – 125.

［33］史朝晖，李娜，王媛媛．2017 年中国服务业商务活动指数稳中有升［N］．中国信息报，2018 – 01 – 25（002）.

［34］宋昌耀，罗心然，席强敏，李国平．超大城市生产性服务业空间分工及其效应分析——以北京为例［J］．地理科学，2018（12）：2040 – 2048.

［35］宋华，于亢亢．服务供应链的结构创新模式——一个案例研究［J］．

商业经济与管理, 2008 (7)：3 - 7.

[36] 谭林, 李光金. 论旅游目的地的评价体系 [J]. 西南民族学院学报（人文社会科学版）, 2001 (2)：148 - 153.

[37] 王必达, 赵城. 专业市场与产业转型升级：理论与实证分析 [J]. 兰州财经大学学报, 2019 (6)：1 - 14.

[38] 王璐, 李安渝. 商务服务业对国民经济各部门的影响研究 [J]. 中国经贸导刊, 2016 (3)：16 - 18.

[39] 王鑫, 孙婕, 石静. 山东省新旧动能转换视角下租赁和商务服务业人才供需优化调整研究 [J]. 山东人大工作, 2019 (6)：53 - 55.

[40] 吴桥. 长三角城市群生产性服务业空间集聚特征研究 [J]. 浙江万里学院学报, 2018 (4)：13 - 18.

[41] 吴晶妹. 我国信用服务体系未来："五大类" 构想与展望 [J]. 征信, 2019 (8)：7 - 10, 92.

[42] 夏杰长, 肖宇. 生产性服务业：发展态势、存在的问题及高质量发展政策思路 [J]. 北京工商大学学报（社会科学版）, 2019 (7)：21 - 34.

[43] 徐超. 基于 PEST 模型的香港信息咨询业发展现状分析 [J]. 图书馆学研究, 2017 (13)：81 - 87, 49.

[44] 宣烨, 胡曦. 生产性服务业与制造业关系的演变：从 "需求依附" 走向 "发展引领" [J]. 南京财经大学学报, 2018 (6)：93 - 98.

[45] 闫淑玲. 北京商务服务业发展现状与趋势预测 [J]. 商业经济研究, 2019 (18)：157 - 160.

[46] 叶逸含. 利益相关者视角下的湖泊旅游可持续发展评价研究——以淀山湖为例 [D]. 华东师范大学硕士学位论文, 2019.

[47] 张路莲, 周源, 薛澜. 基于区块链技术的战略性新兴产业知识产权管理及政策研究 [J]. 中国科技论坛, 2018 (12)：120 - 126.

[48] 张志彬. 生产性服务业集聚、城市体系演变与区域经济增长 [J]. 湖南科技大学学报（社会科学版）, 2019 (1)：67 - 74.

[49] 赵弘, 牛艳华. 商务服务业空间分布特点及重点集聚区建设——基于

北京的研究〔J〕. 北京工商大学学报（社会科学版），2010（3）：97－102.

　　〔50〕周玲强，林巧. 湖泊旅游开发模式与 21 世纪发展趋势研究〔J〕. 经济地理，2003（1）：139－143.

　　〔51〕周玲强，陈志华. 旅游网站对旅游业价值链的再造〔J〕. 商业研究，2003（19）：18－23.